立ちあう保育
だから「こぐま」にいる

村中李衣
相沢和恵

著

ミズノ兎ブックス
mizunoto books

はじまりの
はじまり

保育の場は、子どもも保育者も、それぞれが自分の生涯の完成に向かって成長を続けていく現場であり、保育者は、子どもたちひとりひとりの人生に立ちあうとともに、自分の人生にも立ちあっている。

　「人生に立ちあう保育」とは何か。それを探る手がかりを、山口県にある、こぐま保育園に見つけた。

　こぐま保育園の保育者たちが50年間、保育をしながら撮りためた映像や写真、日報、月報、保護者との連絡帳などの保育記録を相互に照らしあわせていくうち、子どもと共に生きる現場がここにある、と確信したのだ。

　こぐま保育園は、1973年に開園し、2023年12月に50周年を迎えた。時代が変化し、保育者に要求される仕事量や内容がどんなに変わっても、子どもを育てるのみでなく、子どもと保育者と保護者が共に育ちあうことをぶれることなく、続けている。

　本書では、そうしたぶれのなさを支えているさまざまな記録を取り上げ、子どもの人生に立ちあい、そしてまた、保育者自身の人生に立ちあい、子どもと保育者が共に成長を続けていく様を読者と共有したい。

　こぐま保育園の保育は、その恵まれた自然環境や地域性などに支えられている部分もあり、そのままの保育内容・保育方法をどの園でも踏襲できるというようなことではない。

　現在、保育をとりまく環境は厳しい。保育現場の負担はどんど

ん大きくなり、保育者は疲弊し、苦悩している。このような状況
にあるからこそ、教え導くという関係でなく、子どもも大人も共
に成長しあう、こぐま保育園の姿に、保育の原点を今一度思い起
こしたい。

　また、本書を、保育記録のあり方を再考するきっかけにもした
い。保育者は、日々たくさんの記録をとることを求められる。保
育日誌、個人記録、指導案と指導実践記録、園便り、学年便り、
クラス便り、連絡帳、などなど。
　保育を記録するということは、子ども理解を深めることであ
り、自分自身の保育行為を振り返ったり、子ども観や保育観を見
直したりすることでもある。その繰り返しの中で、保育の質の向
上を図るために「記録する力」は欠かせない。
　しかし、実際の保育記録は、例えば保護者や園の方針、社会の
要請などに応えるための、見せる、見られるだけのものになって
しまってはいないだろうか。多忙な保育現場で疲弊する保育者の
要望に応えて、保育記録の書き方の技術を伝える書籍や雑誌が多
数刊行されている。そこには、保育の質の向上を図るためという
よりも、保護者や社会からの批判や非難から保育者の身を守るた
め、体裁を取り繕うため、という視点が見え隠れしているように
思えてならない。
　保育において、保護者との信頼関係づくりは欠かせない。しか
し、保育記録が保護者対策になることは避けねばならない。保護

者も保育者も共に子ども理解を深め、子どもを育て、また、保護者と保育者も共に成長していく関係でありたい。保育記録は、子ども、保育者、保護者をつなぐものであり、共に育ちあうための大事なツールとして、もう一度そのあり方を考えてみたい。

　そして、もう一つ、保育や保育記録における物語についても考えておく必要を感じている。

　近年保育の世界でも「物語」という概念が再注目され、保育を「物語」としてとらえようとする動きがあるが、単に出来事を物語化すれば、子どもの本質が見えてくるのではない。物語をどのように紡ぐか、どのように完成させるか、その「どのように」が重要である。

　保育の中で日々誕生している本来の物語とは、保育が期待されるゴールに向かって直線的に進んでいくものではなく、保育者自身と子どもの双方がゆらぎやねじれを経験しながら進んでいく。これは、子どもを育むことの原点の考え方でもある。

　こぐま保育園の50年間の大量の映像や写真、月報や日報など、保育記録を整理しながら、ここにこそ「希望の物語」があると感じることがしばしばあった。

　そこには、「子どもの笑顔、いい姿を撮ろう」「保育のねらいや目的に合ったものを記録しよう」「子どもの発達や成長を保護者に伝えよう」などという保育者側からの強い意図は感じられず、ただただ、その場と時間を共にしている人間から見た素朴な描写が

あった。

　ねらいや意図に合った、お行儀のよい、予定調和的な物語を創りあげ他者に見せるようなものではなく、そこにいるひとりひとりのいのちのありようが記録されていたのだ。

　保育の物語に欠かせないのは、どの瞬間にも子どもひとりずつの中に伸びゆくいのちをとらえ、見出し、大切にしていく保育のリアリティである。

　保育記録は、自分にしか書けない、今出会っている目の前の子どもたちの生きざまを映し出した物語であってほしい。

　本書が、保育にかかわる人たちの未来へ、ちいさな光をともしてくれますように。

村中 李衣

相沢 和恵

目 次

写真
記録

人生が立ち上がる瞬間 ……………… 13

ふれる

あげる

ひとりじゃない

なく

バランス

になう

わたしたちは自然のかけら

つながる

みんなが生きる場所

羊とともに

こぐま保育園って こんなとこ!

こぐま山の園舎 と その周辺

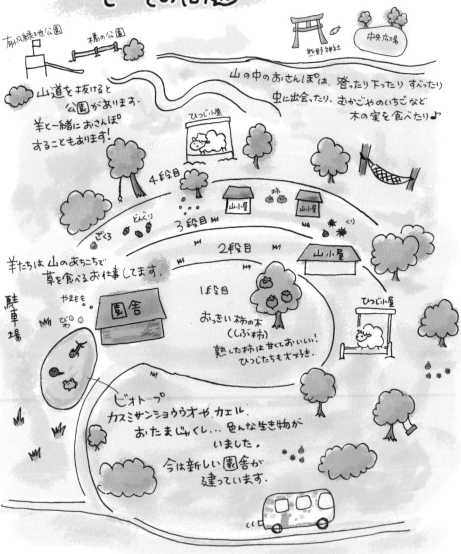

有馬緑地公園　橘の公園

熊野神社　中央広場

山道を抜けると公園があります。
羊と一緒におさんぽすることもあります!

山の中のおさんぽは、登ったり下ったり すべったり
虫に出会ったり、むかごやのいちごなど
木の実を食べたり♪

ひつじ小屋

4段目

ざくろ　どんぐり

3段目　柿　山小屋

山小屋　くり

2段目　山小屋

羊たちは 山のあちこちで
草を食べるお仕事してます。

やまもも　1段目

駐車場

園舎

おっきい柿の木
（しぶ柿）
熟した柿は 甘くておいしい!
ひつじたちも 大好き。

ひつじ小屋

ビオトープ
カスミサンショウウオや、カエル、
おたまじゃくし… 色んな生き物が
いました。
今は新しい園舎が
建っています。

こぐまのクラス編成

0さい児 ひよこぐみ　1さい児 こだぬきぐみ　2さい児 のうさぎぐみ　3さい児 "やまぐみ"　4さい児 たいようぐみ　5さい児 うちゅうぐみ

認可外保育所時代 こぐま保育園

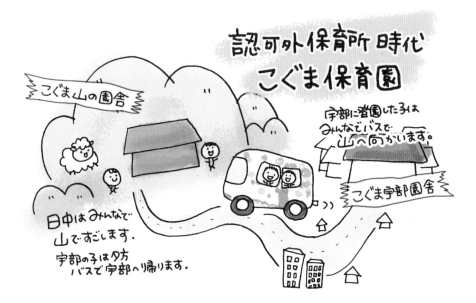

こぐま山の園舎

宇部に登園した子は みんなでバスで 山へ向かいます。

こぐま宇部園舎

日中はみんなで 山ですごします。

宇部の子は夕方 バスで宇部へ帰ります。

現在のこぐま保育園の状況

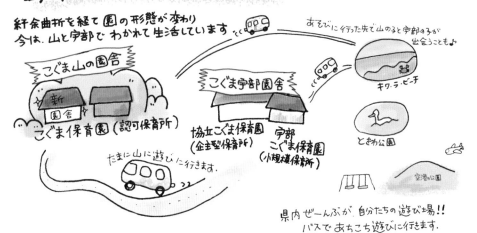

紆余曲折を経て 園の形態が変わり 今は、山と宇部で わかれて生活しています

あそびに行った先で山のみと宇部のみが 出会うことも♪

こぐま山の園舎

新園舎

こぐま保育園（認可保育所）

こぐま宇部園舎

協立こぐま保育園（企業型保育所）

宇部こぐま保育園（小規模保育所）

キワ・ラ・ビーチ

ときわ公園

空港公園

たまに山に遊びに行きます。

県内ぜーんぶが、自分たちの遊び場!! バスであちこち遊びに行きます。

人生が
立ち上がる
瞬間

　こぐま保育園（以下、「こぐま」）の子どもたちが生きている
場所は、いのちにまつわるあらゆる現象が開かれている場所。
　「こぐま」の保育者は、子どもたちを教え導くことでなく、
共に生きあうものとしてその現場に立ちあうことを、すべてと
している。その積み重ねが、子どもたち自身が自分たちの未来
に希望をもつにはどうすべきかをみせてくれる。
　大人のものさしを捨てれば、子どもひとりひとり、どの子で
あろうとみんな、いのちは伸びる。
　その姿をまずは、写真から感じとってほしい。
　いのちといのちがふれあっている姿そのままに。

ふれる

「こぐま」の保育は、ふれることからはじまる。
ふれることで、自分のいのちと他者のいのちが共振する。
求めている他者の傍らで自分がなにをすればいいのか、
なにをしてはいけないのか、を知る。
いのちの尊厳が、子どもたちの手で、
守られていく。
いのちの手当て。

あげる

あげるとは、もらうこと。
あなたのとびらが開かれたとき、
わたしのとびらも、
よろこびに開く。
食べあうこと、分かちあうことは、
いのちまるごとを、
分かちあう経験である。

ひとりじゃない

共に生きるとは、
ひとりずつ、ひとつずつ、
いのちの時間が同じではないこと、
別れなければならない時がくること、を
知る道のりである。
いっしょが愛おしいのは、
永遠を手放すことを覚えてなお、
今を手放さずにいることを選ぶから。

なく

哀しみを得る。
どうしようもない独りを受け入れるために、
声をあげてなく。
声をつぶしてなく。
突っ伏してなく。
歯を食いしばって遥かな遠くを見据えてなく。
なきやまそうとする力に引きずられることなく、
自分に浸る。
失うのでなく、自分を得る儀式。

バランス

這う、
のぼる、
歩く、
駆け上がる、
滑り降りる。
つま先から、
指先から、
自分を生きていくことのリズムを
身体に刻んでいく。
バランス感覚がいいとか、
体幹がしっかりしているということは、
それを養うために訓練していくのと、
はじまりからベクトルが異なっている。
何かの目的を設定して、
そのために活動させられていて、
鍛えられている訳ではない。
こころの起動力が違う。

になう

ひとりずつが担う仕事は、
させられているのではない。
生きるための役割だ。
だから、誇らしい。
自分のからだとあたま、
どうすればよいかのために、
使い切ることを惜しまない。
けぶたさ、重さ、硬さ、炎、水、
やっかいなものとの付きあい方も
自分で手に入れる。
いつか自分の王国を率いて生きるために。

ここは自然がいっぱいあっていいね、
という人がいる。
でも一番大事な自然は、
わたしたちだ。
呼吸する。
リズムを刻む。
怒る。
割れる。
結び直す。
わたしたちひとりひとりが、
自然のかけら。
人工の部品ではない。

わたしたちは自然のかけら

なんだってできるってことと、
なんにもできないってこと。
両方を繰り返し、
味わって生きる。
たったひとりで。
みんなで、
みんなで。

つながる

インクルーシブは、はじまりからあった。
そしてそのように生きる一瞬一瞬が、
「こぐま」のひとりずつの人生を輝かせてきた。
あゆちゃんは、
先天性の筋ジストロフィーを患っている。
それは、あゆちゃんの特性。
同じように、ひとりずつに、特性がある。
だからみんな、特別なひとりずつ。
共に生きることは、どの子にとっても、
他者のいのちのリズムを知り、
自分のそれと同じように大切にすることである。

みんなが生きる場所

普段は、山の園舎と宇部園舎で別々に生活している3人。
「あゆちゃんは歩けんの？」と率直に尋ねた山の園舎の子どもに、あゆちゃんと同じ宇部園舎の子が「バギーに乗ったら、みんなといっしょにどこでも行けるよ」と説明してくれた。
「そっかぁ！」の後の陽だまりの3人。

あゆちゃんといっしょにバケツのお風呂に入っているのは、みんなと
いっしょが少し苦手なこうちゃん。でも、あゆちゃんとは波長があう。
ふたりいっしょに、しずかでみちたりた時間。

羊とともに

「こぐま」に羊がいることは、
先生がいるということ、
友達がいるということ、
そしてわたしがいるということと同じ。
息をするようにあたりまえのこと。
わたしがおしゃべりをすることも、
羊がメェ〜と鳴くことも、
本日ただいまを生きていることの、あいさつなのだ。

「こぐま」の写真に気づかされること

　生きていることの豊かさに、保育者のこころが、いのちが、打ち震えている。理屈じゃない。危機管理のためじゃない。保育者のいのちも満たされて、同じ地平に佇んでいる。
　今、この瞬間も、ひとりずつが自分の人生を生きている。

　保育現場の「よく撮れた写真」は、エピソード記録の奨励とともに、頻繁に目にするようになった。しかしその多くが、いわゆるインスタ映えするような写真。撮影者の（わたしがそれをとらえたという）承認欲求が見え隠れしている。

　ところが、「こぐま」の記録に残された写真を見ると、どんな場面も子どもたちがカメラだけでなく、大人を意識していない。保育者側もまた、「こっちを見てほしい！　今いい顔してる！　この瞬間を撮りたい」というカメラ目線を持とうとしていない。保育者のこころは、カメラのこちら側にあるのでなく、子どもたちの生きるその場所にそのまま立ちあっているのだ。

　大人が支配しない場をつくることは、保育・教育の世界で至難の業だ。
　「じっと我慢して待つ」という言葉がある。しかし、大人が好んで使う「待つ」は、自分が手を出す最適なタイミングを推しはかっているということだ。最適のものさしは、大人の側にある。そのまま、とは違う。

　ここに載せた写真は、50年の写真記録を年代に関係なくテーマごとに選んだものである。どれが古く、どれが新しいものか、区別がつかない。それは、子どもたちの内側で燃焼しているいのちの普遍性であり、「こぐま」の保育の普遍性である。

第 1 章

子どもたちが
自分で
紡いでいく物語

保育記録における本当に必要な「物語」を考える

　本章には、こぐま保育園（以下、「こぐま」）の日報、月報、連絡帳、文集、そして保育者自身が撮りためた写真の中から浮かび上がってきた2つの物語が収められている。

　「こぐま」の「子どもたちといっしょに人生を重ねていく記録」は、言葉遣いの常識やルールとは無縁だ。

　ただただ子どもたちの生きる力に寄り添っているうちに「保育技術としての型通りの言葉」が退散し、生き残った言葉たちが、「こぐま」の保育物語を紡いでいる。

「物語」という手法へのとまどい

　心理学の質的研究の1つとして「物語研究」がある。物語の生成や伝達の過程に着目した生成文法的研究であったり、物語そのものの内容に分け入った精神分析的な解釈を施す研究であったり、さまざまな現場での物語に接したことによる効果検証の研究であったり、そのアプローチのしかたはさまざまである。

　物語そのものの定義は、ある出来事が因果関係をもって時間の流れの中で編まれ1つのまとまりをもったもの、とされるのが一般的である（Bruner, 1990；Graesser et al., 1980；Green & Donahue, 2008）。

　キーワードは「時間経過」と「出来事の因果関係」の編成である。簡単に言い直せば、物語が生まれるということは、つながれた出来事の意味を筋立てる行為である。そしてこの行為は、時空を超えた人間の欲求として、延々と続いてきた。

　保育の世界では今、改めてこの「物語」という概念が注目され、保育を「物語化」してみせようとする動きがある。ところが、保育に関するこれまでの「物語化」を推し進めようとする研究に目をやると、「物語化」を重視した子ども観察と記録が具体的にどういうものであるのか、そして「物語化」を重視すればどのように子ども理解が深まるのかが、はっきり見えてこない。

　例えば、近年は保育記録の中に存在する「物語」に着目し、ナラティヴ・ア

プローチを用いて、記録にかかわる保育者の専門性を可視化しようとする研究も出てきている。しかし、保育者と保護者、保育者同士、あるいは保護者間で共有する子ども観・保育観を基盤とした「物語」が、ひとつずつ今ここでどう開かれたのか、どんな敷石を跳んでいく子どもたちの様子をどうとらえようとしているのか、起承転結の流れをどう編んでいるのか、記録の根幹となる実態については、明らかにされないままである。

「物語化」されれば、子どもの本質が見えてくるといわれると、とまどってしまう。児童文学の世界では、物語をどう完成させていけばよいか、その「どう」が重要で、出来事をつなぐ動線を考えていくことがどんな時にも一番の越えるべき壁であるからだ。

保育の中で誕生する本来の「物語」とは、保育環境や歴史が絡むことにより、時間が逆行したり回帰したり循環したりしながら、ちいさな意味のまとまりが生まれては消えていったり、あるいは消えたように見えて再び浮き上がり、大きなまとまりとして生まれ変わっていくことにある、と筆者は考える。それはすなわち、保育が期待されたゴールに向かって直線的に進んでいくものではなく、保育者自身と子どもの双方がゆらぎやねじれを経験しながら進むものである、という自覚によるものである。これは子どもを育むことの原点の考え方でもあるといえよう。

「物語化」するってどういうこと？

では、同じ出来事が「物語化」された保育記録にもいろいろあるということを、実際の例で説明してみよう。

クラスで近所の農家さんの畑へ出かけ、サツマイモの収穫を体験した日の保育記録である。

「物語化」するとは、イモ掘りの出来事を起承転結の流れの中にはめ込むことだ。サツマイモ収穫に関する主な出来事を、子どもが踏んで進む小川の敷石に例えるならば、向こう岸にたどりつくまで、敷石をどんなふうに踏んで小川を渡っていくかその様子をどう描くかだ。

「物語化」するとは、その敷石を踏む子どもたちの表情や発言をリアルに付け加え、結末に至るように描くということ。そしてもう1つ、物語の語り手

（保育者）がこの体験を子どもたちの成長や発達に照らしてどう意味づけているのかが、1つ1つの出来事（敷石）について、繊細に伝わってくるということ。よって、保育者自身や保育者同士の振り返りの際にも役立つ。しかしだ、子ども自身ではなく、保育者が紡ぐその「物語」の質は問われないのかという疑問が残るのだ。

〈物語A〉

　今朝、お部屋に集まった子どもたちに「おやくそくどおり、きょうはPさんの畑に行きますよ。」と話しかけると、みんな「やったー！」と大喜び。

　でも、Mちゃんだけが「へんなむしとか、でてきたらこわい。」と泣きそうな顔で言いました。確かに畑の土に触ったことのない子どもたちの中には、不安もあって当然です。すると、Nちゃん、Oちゃんのふたりが、お部屋の本棚のところへかけて行って「みてみて。ぼくらもこんなでっかいおいもをほろうや。それでね、おいもたべておならして、うちゅうまでたんけんだぁ〜。」ふたりが持ってきたのは、先週お部屋で読んだ『おおきなおおきなおいも』（福音館書店）でした。みんな、うれしくなって「たんけんだ！たんけんだ！」と、おいもほりに行く気持ちが盛り上がりました。

　Mちゃんも、にこにこ笑顔になってきました。

　その様子を見て、『おおきなおおきなおいも』の楽しさが、ちゃあんと子どもたちの心の中に残っていたんだなぁとうれしくなりました。

　Pさんの畑では、手やお尻が汚れるのも気にせず、みんながんばっていっぱい収穫しました。どの子の顔も生き生きしていて、笑顔いっぱい。バッタを見つけて大はしゃぎする子、おそるおそる虫たちの様子をしゃがんでのぞきこむ子。自然観察の心も芽生えたようです。園に帰って、感動が消えないように、それぞれ、今日のおいもほりの絵を描きました。どの絵ものびのび、自由に描かれていて、すてきでした。

　収穫したおいもはひとりずつ持ち帰るようにしましたので、ご家庭でいろいろ、お子さんたちの畑での活躍のお話を聞いてあげてくださいね。今日の晩御飯には、どんなおいしそうなおいも料理が並ぶのかなぁ。

〈物語B〉

　朝から、みんなそわそわ。「おいもおいも。」と口にする子もいるし、お家から持ってきたビニール袋を振り回す子もいます。

　集まっておいもほりの説明を聞くと、「やったー！」「いっちばんおおきいのを見つけるもんね。」とあっちからもこっちからも声が上がりました。その中で、Mちゃんが今にも泣きそうな顔をしています。Qちゃんが、それに気づいてMちゃんの背中をなでてあげています。Mちゃんは「へんなむしとか、でてきたらこわい。」と小さな声で言いました。ちょっとのあいだお部屋がしいんとしました。すると、NちゃんとOちゃんが「そうだ！」と言って、だぁーっと本棚の方へかけて行きました。みんな立ち上がって、ふたりの様子を見守ります。かけ戻ってきたふたりの手には『おおきなおおきなおいも』（福音館書店）。

　子どもたちの中から、「あ〜！」と声が上がりました。先週みんないっしょに読んだ絵本でした。

　「みてみて。ぼくらもこんなでっかいおいもをほろうや。それでね、おいもたべておならして、うちゅうまでたんけんだぁ〜。」とNちゃん。

　「おならおなら。」「いもらす一号！」「いもらす二号！」「くっさ〜いガスで、ねんりょうまんたん！」「うちゅうりょこうだぁ〜。」

　子どもたちが口々に言います。QちゃんとMちゃんも笑いながら手をつないで、ふたりでぴょんぴょんとびはねていました。

　Pさんの畑。昨日少し雨が降ったので、ぷわ〜んと土のふくらんだようなにおい。茶色く枯れた葉っぱを見てRちゃんが「葉っぱが緑じゃないよ。」と言いました。Pさんが「よく気がついたね。これが、もうおいもを掘っていいよのサインだよ。」と教えてくれました。

　軍手をはめて葉っぱの根元のところを指の先で確かめて、そこをスコップで掘っていきます。「力を入れちゃだめだよ。力を入れると、土の中のおいもが傷ついてしまうからね。土をやわらかくやわらかくして、おいもを土の中から出してあげるんだよ。」

　Pさんの説明にSちゃんが「赤ちゃんみたいに、そおっと。」と言いながら、土を触り始めました。それぞれ、土とお話しするように手を動かして、自分の

おいもを掘りました。気づいたらMちゃんも、土の中から顔を出したおいもを、両手で力いっぱい引っ張っています。顔に土の粒がくっついています。でも、へっちゃらでした。

　ご家庭に持ち帰ったおいも、ぜひおいしく召し上がってくださいね。おうちで、燃料ガスをためた子どもたち、あしたどんな遊びに発展するか、たのしみたのしみ。

〈物語C〉
　今日は、待ちに待ったおいもほりの日でした。朝からすっごく楽しみで落ち着かない子もいれば、初めての体験がちょっぴり不安な子もいます。

　畑はお野菜を作る場所だと絵本やテレビで知ってはいるけど、畑の土は一度も触ったことのない子がずいぶんいます。あいにく昨日雨が降ったので、きっと畑の土は湿っていて、土をほじると、きっといろんな生き物が出てくるでしょう。ミミズとかアリとか、バッタとか……。

　畑につくと、Mちゃんが、「へんなむしとか、でてきたらこわい。」とつぶやきました。Mちゃんには、土の中の見えない生き物たちが見えるのかな。「こわい」も、大事な感覚です。

　おいもが、土の中に静かにもぐっていて、子どもの手探りでようやく姿をみせてくれるっていうのも、うれしい。

　元気よく引っこ抜いた子もいれば、ふたりで協力しておそるおそる引っ張る子もいて、おいもとの付きあい方も実にいろいろです。

　ふと見ると、おいもを引っこ抜いた後の穴をMちゃんがじ〜っとのぞきこんでいます。穴の底には、つやっつやのミミズ。おいもがいなくなってしまって、いきなりひとりぽっちになってしまった土の中のミミズと、まるでお話しているみたいでした。

　それぞれに収穫したおいもは、おうちに持って帰りました。短いイモ掘り体験でしたが、大人には気づけないいろんな発見や生き物との対話がひとりずつにあったはず。おいもといっしょにゆっくり成長の栄養にしてほしいものです。

新たな物語が動き出すとき

　どうだろうか？　どの書き方がいいという話ではない。問題は、Ａ、Ｂ、Ｃいずれの物語であれ、保育者は、子どもたちが敷石をどう渡っていったかを描く（物語化する）際に、保護者がわが子の成長を感じて安心できるような肉付け（描写）を意識的に加えがちだということだ。そして、その日の保育目標（ゴール）に無事たどりついたという形で、起承転結の「結」に至ろうとする。

　これは、保育者が教え導く者としての使命感や道徳的、教訓的、規律や規則の順守、約束や取り決め、などを意識したつなぎ方とも言い換えられる。この方法は、読み手（主に保護者）への情緒的共感を誘いやすい。だが、これが最も保育の「物語化」の危うい部分でもある。

　「お話になりそうな素材」（起）があって、なにかちょっとした出来事が起こり（承）、でも愛や勇気や友情や励ましや……そんなもののおかげで（転）、何とか乗り越えられたね、よかったね（結）、と「物語の体裁」を整える。そんな行儀のよい、予定調和的な物語を、わざわざ忙しい時間を割いてまで書く意味がはたしてあるのだろうか？

　ここまで読まれると、〈え、さっき読んだ物語ＡもＢもＣも、よく書けてるじゃないですか。わたし、とってもこんなふうには書けないし…〉と思われるかもしれない。しかし、上手に書けて、読者である保護者から指摘されるようなマイナスポイントのない書き方ができていれば、いい保育記録というわけではない。それは、業務ノルマとして安全ラインにいる、というだけのことだ。

　本章で紹介する「物語」は、安全ラインにとどまる保育記録とはかけ離れている。時に、できれば見ないふりをしていたい人生の暗部までものぞこうとしている。

　保育という営みの中には、どんなにささやかに見える出来事（敷石）でも、実はとても深い穴や亀裂や外からは想像しがたい物質が含まれているからだ。敷かれた石のひとつひとつを日々吟味して過ごせば、新たな物語が自然に動き出す。

羊ものがたり

～生と死に向きあう～

　2007年6月、「こぐま」山の園舎に「この環境で羊を飼ってみては」と地域の方から相談がもちかけられました。羊は、山の園舎の広大な山の敷地の草を食べてくれるという魅力はありましたが、素人の大人と子どもだけで本当に世話ができるだろうか、と心配の声も上がりました。保育者、保護者、地域の方とたくさんの話しあいの結果「子どもたちと動物との暮らしをやってみよう」ということになりました。

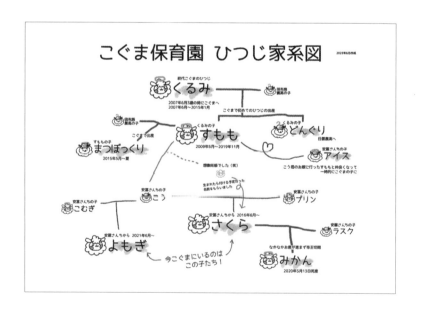

　赤ちゃん羊をもらい受ける予定が、手違いで大きな成羊がやってきました。「こぐま」初代の羊、くるみです。子どもも大人も手探りで世話を続け、くるみの出産までこぎつけました。生まれた子どものうち一頭が、すもも。くるみの死後、すももに加えてもう一頭、さくらが「こぐま」の仲間に加わります。やがて、すももは歳をとり死を迎えます。そして、さくらのお産計画と死産で生まれてきたみかん……その生と死の繰り返しを子どもたちは正面から受けとめ、いっしょに育ちました。

　羊たちは愛玩動物ではなく、いつのときも、「こぐま」の仲間です。

パート1：1代目くるみと子どもたち（山の園舎 宇宙組）

　まずは、1枚の写真をご覧いただきたい。2014年6月、宇宙組の担任だったレーちゃん（先生、以下Ｔ）が撮った写真です。

この写真だけだと、子どもたちのほほえましい写真だというふうに見えるかもしれません。さすが、「こぐま」の子どもたちだなぁ。雨の中でも子どもたちの背中にたくましさが見えるなぁ、と。

　ところが、この写真の説明を求めると、レーちゃんTは、続く3枚の写真とメモを送ってくれました。

メモ　　　　　　　　　　　　　　2023．4．24

　この年の宇宙組の子どもたちは、朝登園するなり、みんな、宇宙組が
保育室として使っている山小屋の入口から登園カバン用に利用している
リュックを放り込み、ひたすらトカゲをつかまえることに夢中になる。(特
に男子！)

　宇宙組全員で一日のことを話しあったり、ノートが全員出されている
かを確認する子どもたちとの「朝の会」もとにかく「自分が」が先行し
てしまう。その時にやりたいことだけやっていた〜い‼　誰しもそうだ
けど、そういう思いが強いクラス。子どもたちの行動には、やはりモチベー
ションの高まりが必要だし……どうしよう、どうすればいいのかなと思
いながら日々をいっしょに過ごしていた。

　羊の世話は年長の宇宙組の役割だけど、今年の子どもたちの中には、
やりたくないなぁ〜という正直な気持ちがみえる。「でもやらなきゃ」と

は、ならない。「羊を小屋に入れてからおやつを食べる」という約束があったので、おやつも食べにこれないまま。（そこまでイヤか！？）そんなぐずぐずの中で、宇部園舎行のバス＊が出てしまうことも数回（そこまで、そこまでイヤか！？）

　「宇宙（組）がやらんにゃ、羊困るよね？」「でもやりたくないものはやりたくないんよね？」子どもたちは「やりたくない」とは、決して言わない。でも、あきらかにやりたくないんだよなあ、とわかる。こんなやりとりが繰り返される日々だった。

　6月、梅雨の頃、突然激しい雨が降り始めた。小川をもんどりうつように流れ始めた水に子どもたちは興奮し、一向にやむ気配のない激しい雨を軒下から目を見開いて眺めている。いつも、雨が降り始めると、どれくらいの強さになったら（自分たちが朝小屋の外に出した）羊を小屋の中に入れるのか、そのギリギリの線の見極めに、子どもたちは迷いながら過ごすような毎日だったので、この大変な状況に、きっと困り始めていたんだろう。「どうするん？」という私の声にもすぐには反応せず、窓の外を見つめて誰も動こうとしない。けれど、突然けんちゃんが、バッと雨の中を走りだした。それにはじかれたように、何人かが次々に飛び出していった。

　雨で膨らんでほどけにくくなったロープの結び目を四苦八苦しながらも必死でゆるめ、小屋へ連れていった。

　この時走り出したのは、いつも羊の世話をサボっている子らばかり。なんだかうれしくなった。笑えてもきた。私も夢中で後を追いかけていき、坂の下からシャッターを押した。

　この時、園舎でいっしょに過ごしていた羊は2頭。くるみとすもも。くるみはもう、おばあちゃんで、この年、どんどん弱っていった。冬になると、よろよろし始めたり、座り込んでしまったり。そのたびに「くるみが動かんくなったぁ～！」と世話をしていた子どもたちは大騒ぎだ。

　2015年、お正月休みが明けて子どもたちが登園すると、くるみはびっ

くりするほど弱っていた。1月5日夕方、「レーちゃーん‼くるみが動かーん‼」「ちょっと待ってあげてー！」……そんなやりとりをした。すると、何とかくるみは自力で立って小屋に入ることができた。

　1月6日朝、保育園を開けた時、くるみは冷たくなっていた。

　ちょうど子どもたちを送ってこられたり、近所に住んでおられたりしたお父さんたちが穴を掘って下さり、みんなでお墓を作った。子どもたちは、くるみの好きだった椿の花やドングリ、草、葉っぱをとってきて、いっしょに埋めてあげた。

　その日、卒園文集『こぐまっこ』の表紙の絵（毎年年長組の絵で表紙を飾ります）のことを子どもたちに話すと「羊を描く！」と言って、全員があっという間に描きあげた。今まで絵で表現することが苦手で○×△のようなものしか描こうとしなかった子も、羊を描いた。発達障がいのある子が初めて羊を描いた。（顔があって4本の足がある。まぎれもないその子にしか描けない羊である）

　生き物と生活することの大きさを、本当に感じた。有無を言わさず、いのちと向きあうことになってしまう大きさを教えられた。そして描きながら、誰からともなく「天国でまた、会えるよね」という声があがった。

　あぁそういえば、（この年の秋に）山でお泊り保育をした時、キャンプファイヤーで舞い上がっていく黒くなった葉っぱを見てゆうちゃんが「天国まで行くんかなぁ。」「お～い‼」「おーい！」と叫んでいたっけ。キャンプファイヤーでのゆうちゃんのその言葉、みんなのこころの中でちゃんと生きていたのかもしれないなぁ。そして、くるみの死に向きあったとき、その言葉に息が吹き込まれたのかもしれないなぁ。こんなつながり方もあるよなぁ。

＊宇部園舎から毎日子どもたちが、山の園舎に園バスに乗って通っていた。その帰りの宇部園舎行バスを指す。

写真とメモを見ながらレーちゃんTが語ったこと

　写真（p.95）の中、真っ先に雨の中に飛び出したけんちゃんは、日ごろ、自分の目の前にあることだけにぎゅうっと集中してしまいがちで、みんなの気持ちを推しはかるというようなことは苦手なように見えるお子さん。そのために、リーダーになりたいけど、なれない。本人自身、自分だけの世界から一歩前へ出ることができないことに鬱屈した思いを抱えているようにも見えていました。だからこそ、土砂降りの雨の中、私（担任）に促されたからでなく、自分で決めて飛び出していった姿がとってもうれしかったんです。

　また、同じ写真（p.95）の中、手首をくいっと曲げ、数人の子の後を走り始めたゆうちゃんは、あえて自分から先頭を切って何かをやるような子じゃありません。そういうことはどうだっていいというような、わりといつも自分の思うままに生きているようなタイプ。だから、自分の内側の世界と外側の世界がうまくつながっているかいないか、みたいなことは、私自身よくわかりません。そりゃあ、ず～っといっしょに生活してますから、ある意味宇宙組の子たちはつながってるんですけど、それは結束が固くてみんながなかよしというわけでもない。でこぼこでこぼこなつながりの波があり、そういうことを積み重ねながら、すこ～しずつ関係が変わっていくんだろうなぁとみていました。

　で、ゆうちゃんは、この日、みんなが飛び出していったから自分も、ではなく、「あ、そうやん！」と、ハッと自分の「スイッチ」が入り、かけ出して行った。そして、飛び出した先で羊のロープをほどくため、びしょぬれになりながら自分で納得してやるべきことをやった。他の子たちもきっとそんな感じだったと思う。そうやって、子ども同士つながっていった。羊のために、の一点で、どの子も自分なりのやる気スイッチを入れ、現場でつながっていった。このことで、〈同じ釜の飯を食った〉みたいな、そして〈おれらいっしょにやったなぁ〉みたいな感じが少し生まれた気がするんです。少しですよ。そんなに、1つの出来事があったからって、スパッとクラスの結束が高まるみたいなことではないと思います。でもこの大

雨の中での出来事があったことは、子どもたちのこころの中に何かを生んだんだろうなと思います。

　この大雨事件を経て、秋のお泊まり保育の中、舞い上がる木の葉の行方を「天国への道行」ととらえ「オレたちも後で行くからなー」と、葉っぱに声をかけたのは、ゆうちゃんでした。ゆうちゃんの言葉は重いです。この言葉が、宇宙組みんなの言葉へと育っていたのかどうかは確かめられないしわからないんですけど、ただ、確かに子どもたちは、こんなふうにひとつずつの経験の中で、気持ちをわかちあうような感覚を体に蓄えていくんだなぁ。ひとつずつの経験の中で完結するんじゃなく、こんなふうに経験を重ねる中で、共感を育てていくんじゃないかなぁ、と思います。

　レーちゃんTが語ってくれたことにつながっていく、くるみが亡くなった日のことを綴った当時のレーちゃんTの日報です。

日報	山の園舎 レーちゃんT

2015. 1. 6

　朝、くるみが天国に行ってしまいました。昨夜の小屋入れの時立ち上がれなくなって、みんな心配していましたが……。朝オサちゃんTが出勤すると、小屋に倒れていたということです。お父さんたちが穴を掘ってくださり、子どもたちもお手伝いをしてお墓を作りました。

　花やドングリを入れ、好きな葉っぱも入れました。「いつも寄り道して食べよった」葉っぱです。泣いたり言葉多く語ったり……。そんなことはしない子どもたちです。

　「かわいそうやね」とぽつり。

　「でも、天国で走り回りよるけんね」と応えると、クラスみんな

がストレートにそれを受けとめてくれたようです。つづいて、「もう天国についたかね」「何しよるかね」……。いろんな子がポツリポツリと話しかけてくれます。

「オレたちも後で行くからなー」。以前、秋のお泊まり保育のときに、キャンプファイヤーで舞い上がっていく黒くなった葉を見送りながらそう言ったゆうちゃんの言葉。ほんとうにそのとおりだなぁ、いのちは、そういうんだなぁ、と改めて感じさせてもらいました。

今日、子どもが「ひつじをかく」といって、卒園の文集の表紙、生き生きした羊を描きました。

　この年度の文集の表紙を飾った1枚ずつの羊の絵には、いのちの実感があふれています。

パート2：すももの死とさくらのお産計画（山の園舎 山組）

　1年中を羊と共に過ごしていくということ。あるものは日一日と成長し、あるものは新しいいのちを生み出し、またあるものはこの世を去っていく。その中で学ぶことはとてつもなく大きい。大きすぎて大人だって立ち止まってしまうこともある。生や死を子どもたちにどう伝えればいいのか、その先へ子どもたちとどう進めばいいのか……。

　その苦悩から逃げずそのまま前へ進んでいくクミちゃん（先生、以下T）の姿と、その姿を見て育つ子どもたちのやさしさが短い日報の記述の中から読み取れます。2019年秋から次第に身体が弱り、立てなくなっていったすももの様子が、気遣う子どもたちの様子とともに随時記されていきます。そして、残念ながら訪れてしまった別れの日。その日の日報を紹介します。

日報 　　　　　　　　　　　　　　　山の園舎 クミちゃんT

2019. 11. 11

　　11月9日、おひる13時ごろ、ひつじのすももが亡くなりました。その日の朝までは自分で草を食べ、お昼ごろにはもう立ち上がれなくなり、私のひざに頭をのせて最期の時をゆっくりとすごしました。心配そうに集まってきた子どもたちによしよししてもらい、いつ亡くなったのかわからないくらいおだやかに亡くなりました。羊は家畜のためすぐに畜産センターに連れていく必要があり、お別れしたかったのにできなかったみなさん、ごめんなさい。

　　今日は、朝から宇宙組・太陽組・山組で集まって、すももがどうやって亡くなったのか、最期の様子を伝えました。山組の子どもたちがどれくらい理解できているのかは、一人ひとりの個人差もあり、感じ方もそれぞれとは思いますが、すももと過ごした日々の中、すももとのお別れが命と向きあうという経験となってくれることを

願っています。「やくそく」と「笑顔ありがとう」の歌をみんなで
歌ってすももに届けました。そして、「まほうのおまじない」の歌を、
ひとり残ってしまったさくらに向けて♪げんきだせ・げんきだせ♪
と歌いました。

　外に出ると早速さくらのところへ。山組全員で、さくらを駐車場
の空き地の方へ連れて行きました。

　ゆいちゃん「さくら、食べるかね？」とヨモギをもっていくと、
パクッ。みんなも次々ヨモギを届けます。しばらく近くで遊んでい
てお山に帰ろうとすると、さくらもいっしょに帰りたがり、ひとり
ぼっちになると、ずーっとこちらを見つめるさくら。

　ひなちゃん「さくらもいっしょに帰ろうや」

　今は山小屋の裏で休んでいます。人がそばにいると、安心するよ
うです。しばらくは、さみしいですね。

　すももにこころを寄せてくださったみなさん、ありがとうござい
ました。

　なんと静かな日報でしょう。ひとつずつ
のいのちを持ちあうもの同士のいたわりと
連帯・共鳴の感情は、大人も子どもも対等
であるということ。そしてこうした経験が、
他者のいのちへの想像力を育てるのだとい
うことがわかる日報でもあります。

　すもものいのちが尽きるまでの時間を、
クミちゃんＴはずっとその身体を抱きしめ
ながら過ごしています。いのちの時間が終
わりに近づくと腐臭も漂い小さな虫たちも
まとわりついてくる……それを払いのけよ
うともせずに最期の時間を看取る保育者
（人間）の姿を傍らで子どもたちがそのま

すももとの最期の時間

ま見届けるという尊い経験。教育的配慮とか、ねらいとかをとうに超えて、生きるもの同士としての別れの姿を見せる圧巻の記録です。

　すももへのお別れの歌を歌い終わった後、山組は「早速さくらのところへ」とあります。「早速」なのです。自分たちの真ん中にはまだまだ別れの哀しみがあるけれども、でももしかしたら歌えない、物言えないさくらは、もっと悲しいんじゃないか、と相棒に去られたさくらのことを思える子どもたちが、ここにきちんと描かれています。

　続く次の日報も、すももの死が物語の終わりではないのだと教えてくれます。

日報　　　　　　　　　　　　　　　山の園舎 クミちゃんT

2019. 11. 14

　　すももがいなくなってさみしそうなさくら。ひとりぼっちでつないでいると、メェーと鳴いてこっちをじーっとみています。そんなさくらを見て
クミT「さくらとおさんぽいこっか？」と提案してみると「いくー!!」と、ノリノリの山組さん。すぐにさくらのところにかけて行って「さくらー！おさんぽ行くよー!!」
　　糞をとるほうきとちりとりを順番で持ちながら出発。はじめは、？こっち行くの？という様子だったさくらも、山道を山組さんが進むと、その後ろをうれしそうにスキップ気味についていきます。
　　　　　　〜中略〜
　　鉄塔のところで、下におりそうになったさくら。
クミT「山組さん、呼んでみてよ」
山組「さくらー!!こっちよー!!」
　　するとちゃんとそっちに行くさくら。何度か道をそれそうになっても、呼んだらちゃんと戻ってくるいい子でした。
　　　　　　〜中略〜
　　みんなが滑り台で遊んでいる下で草を食べるさくら。「さくらの

　明るいおさんぽのはじまりには、相棒を失ったさくらへの無言の励ましの思いがあります。クミちゃんTは、すももの死のことをもう一度語り直したりはせず、「さくらとおさんぽいこっか？」と短くみんなに語りかけます。この声かけの的確さは、子どもたちの「自分たちでさくらとお散歩することを決めた」という気持ちを生み出します。さくらとの時間をかけてのゆっくり散歩が昨日今日はじまったわけじゃない関係を強め、それが結果的に「呼んだらちゃんと戻ってくる」ことにつながったのだと、文章から伝わってきます。最後の「すっかり仲間の一員です。」の一文には、クミちゃんTの〈「こぐま」のなかまづくり〉の姿勢がきっちり込められています。

　さて、1か月後の12月の日報からは、さくらの種付け出産計画のわくわくする経過報告が連続して繰り広げられていきます。
　まずは、さくらをお婿さん候補と会わせるために、農園まで子どもたちといっしょに歩いて出かけます。そして、間もなく農園の中の一頭ラスクがお婿さんに決まり、約1か月間のさくらお嫁入りが決定。嫁入り行列は「こぐま」の子どもたち全員出動です。見送りを済ませた後、子どもたちだけで園舎に戻ってくる。クミちゃんTは日報の最後に「山組さんが帰る時、いちばんこっちの柵のところまでやってきたさくらでしたが、メェーと一回鳴いただけで、やっぱり同じ羊のいる空間は落ち着くようで、一安心です。さくらのいないお山はやっぱり少し寂しいですね。またちょくちょく様子を、**みんなで**、見に行ってみたいと思います。」と綴っています。こうした人間サイドの微妙な気持ちの揺れに対しても、保育者が感傷におぼれぬよう、適度なストッパーをかけることに「文字で記録すること」が成功しているように思います。
　そうして12月、2019年の締めくくりに、保健所に連れていかれていたすももが戻ってきます。その日の山組の日報です。

日報	山の園舎 クミちゃんT

2019. 12. 18

　さて昨日、家畜保健所の方がすもものお骨を届けてくださいました。検査は無事陰性だったとのことで、特別にお願いして残してもらったものです。

　昨日は一日山組の部屋で見守ってもらい、今日クリスマス会の後にお墓を作って埋葬しました。その前にすももの骨をみんなで見てみると、真っ白でとてもきれいなお骨でした。正直、灰のようになっているのかと思っていたので、こうしてきれいに残してくれたこと、感謝の気持ちでいっぱいです。山組さんにも保健所からすももが骨となって戻ってきたことを丁寧に話しましたが、どこまで理解できたか、難しかったと思います。

　でも、すもものためにドングリやお花を取って来てお墓に供え、手を合わせている姿を見て、すももが死んだこと、骨になって帰ってきたこと、土に埋めたこと、そしてさくらがお嫁に行って新しい命を授かること……。この経験がこの子たちにとって「生きること」と向きあっていく原点となっていくのだろうと、感じています。

　すももちゃん、お帰り！これからも見守っていてね。

戻ってきたすもものお骨

お骨になったすももと対面

埋めて、すももが好きだった花と葉っぱを入れて、花を供えて、手を合わせて…

　お骨となってすももが戻ってきたその日、すももは、クミちゃんTの言葉を借りると「山組の部屋で見守ってもらい」埋葬までの時間を過ごしたことになります。おそらくクミちゃんTは当たり前のようにこの言葉を記したのだと思いますが、お骨を安置するのではなく、部屋でお骨に見守ってもらったのだ、ととらえるクミちゃんTと共に「死」を受けとめるレッスンをこの子たちは経て大きくなっていくのです。そしてそれが、クミちゃんTが日報に書いた言葉どおり、生きることと向きあう原点となっていくに違いありません。

パート3：さくらのお産とみかんちゃんとの別れ
##　　　　　（山の園舎 宇宙組）

　2020年4月からの、マキちゃん（先生、以下T）の日報には、宇宙組になったばかりの子どもたちが、昨年のすももとの別れを経て、さくらの妊娠・出産に立ちあうまでの姿がたびたび記されています。
　繰り返されるいのちの営みと向きあう子どもたちの様子が綴られたパート1、パート2の羊ものがたりの歴史を引き継ぎながら、マキちゃんT独自の新たな目線で、物語が紡がれていきます。

日報	山の園舎  マキちゃんT

2020. 4. 2

　朝カバンを部屋において羊小屋に集まってきた子どもたち。小屋の中を行ったり来たりする羊を追いかけ、紐を持ったまま子どもたちも行ったり来たり。昨年宇宙組がやっていたことは何でもやりたいという思いで、はりきっています。と、小屋の中で座り込んださくらのおっぱいを見つけました。さくらのおっぱいは少し大きくのびていて、「あっ見えた!!」「おおきいよねー。」と、子どもたちとみんなでのぞきこみました。追いかけあったりしながら羊を出した

後、部屋へ。

　水に反射した光が部屋の天井にうつり、きれいにゆれているのを発見。それがどこからきているのか、手で影を作りながら、反射元を探します。あそこでもない、ここでもない……。そんな風に考えることができるのが宇宙なんだなぁと、楽しく思いました。そしてつくしをとり、鍋で佃煮を作って食べました。今の時期だけですからねー。その時も、沸騰するお湯の泡に興味津々。子どもの遊びごころ、科学してますね～。

　マキちゃんTにとって、受けもったばかりの年長組をこれからどう育んでいこうか、きっとそんな手探りの中で、子どもたちの科学するこころの芽生えを感じた一日だったのでしょう。

　ただ時間軸に沿って今日の出来事を記録しているのでなく、羊の体の観察をすること、水に反射する光のゆくえを追うこと、採集したつくしを食すること、水の沸騰していく様を見つめること、その1つ1つの驚きや感動を静かに綴っていくことで、マキちゃんTが子どもとの踏み込みすぎない穏やかな距離の取り方を見出していく予感がします。

日報　　　　　　　　　　　　山の園舎　　マキちゃんT

2020. 4. 3

　　まだまだ宇宙組の担任になったばかりで、私自身子どもたちとの信頼関係を築く方が先で、羊の世話なんて……と思っていたのですが、羊小屋に集まり、「宇宙の仕事だー」という子どもたちのテンションはまだ続いているよう……。

　　首のひもをつけるのを手伝って、柵の中からさくらが出てくると、ゆうたちゃん、ゆうとちゃん、けんたちゃん、とうきちゃんはひもをくくりつける棒を持ってひと足先に駐車場の方へ。いおなちゃん、せいいちろうちゃんは、ちょっぴりこわくて山の上へ。あさちゃん、りおちゃん、だいちちゃん、そうしちゃんが、つなを持って誘導。

　　駐車場の方へ半分の子が行ってしまったので、そっちへ連れていきたいそうしちゃんは「あっちに行かんっていいよる〜〜！」と叫びます。みんなで無理に引っ張ろうとすると「首しまるやん」とあさちゃん。「ここで食べよるけぇ、ここで食べさせよう」とだいちちゃんが言うと「せまいやん」とそうしちゃん。でも、みんなに「ここでいいよ」と言われ「じゃあ、この木に結ぶ？」と。

　　（こんなふうに）思っていることを言いあって自分なりに考えて決めていくという経験が、これからたくさんできるといいなぁ。

　これからどんなふうに子どもたちとの信頼関係を築いていこうかという4月当初の迷いは、この日の朝もマキちゃんTのこころを支配していたようです。ところがそんなマキちゃんTの目の前で、小屋から羊を出しどこへ紐をつなげばいいのかという問題に直面し、いろいろに意見を出しあう子どもたちの様子が繰り広げられます。どの子にも、今この瞬間瞬間に精一杯考えた「仲間に伝える言葉」が存在していることにマキちゃんTは気づきます。これをきっかけに、マキちゃんT自身の見守りのスタンスが決まっていくのが読み取れます。

続けて、10日後の日報を見てみましょう。

日報	山の園舎 マキちゃんT

> 2020. 4. 13
>
> 　　一日雨模様。みんなで歌を歌ったあと山小屋へ……と思ったら、羊小屋へ真っ先に行く子どもたち。そして「うわー！」「毛がない～～。」そうでした。羊の毛刈りの後、さくらに出会っているのは、あさちゃん、とうきちゃん、りおちゃんだけ。
>
> 　　「なんかピンク色やん。」「なんであんなに小さくなったん？」そして、「刈った毛が下の小屋にあるよー。」と声をかけると、走って見に行きます。
>
> 　　じわっと毛を触って「ふわふわ～～」。
>
> 　　ひとつひとつの発見や驚きとともに、さくらに寄り添う気持ちも膨らんでくれたらいいなぁと思っています。目を丸くしてさくらを見たので、さくらの絵を描きました。

　毛刈りを終えさっぱりした羊の姿に驚く子どもたちの姿をほほえましく眺めているマキちゃんTの様子と、子どもたちの「驚き」が一時的なものに終わらないようにと刈り取った毛の感触を確かめるさりげない誘いや描画活動への発展が綴られています。子ども自らの発見を軸にして保育を進めているのが読み取れます。さらに、そこに終始するのではなく、そこから「さくらに寄り添う気持ちも膨らんでくれたらいいなぁ」と保育の見通しが語られ、この日報を読む保護者の側にも、宇宙組の成長していく道のりが垣間見えたのではないでしょうか。

　次は1か月後、いよいよさくらの出産をまぢかに控えた日報です。

日報	山の園舎  マキちゃんT

2020. 5. 12

　　さくらはまだ赤ちゃんを産んでいません。ゴールデンウィーク頃から、今日か……と思い、毎日待っているのですが……。

　　今日は、さくらの赤ちゃんの名前案を、みんなで出しあいました。「宇宙が決めていいんだってー！」というと、「ヤッター!!」。

　　今までつけた名前を伝えて「何がいい？」と聞くと、「しゅりけん!!」「にんじゃ！」「くさ!!」「木!!」。

　　「う〜ん、『木ー!!』って呼ぶのは、呼びにくくない？　『とうきちゃーん』とか『せいちゃーん』とかの名前よー」というと「ざくろ！」「つつじ！」「わらび！」「みかん！」などなど。さてさて、何になるかは、生まれてからのお楽しみ……ですね。

　　今日はみんなが山であそんでいる間に、さくらの毛を洗おうと、せっせと動いていたら、だいちちゃんとせいとちゃんがやってきて、「あらうー！」と。他のみんなもやってきて、毛洗い……どころか水遊びのはじまり。びしょぬれになり、とても楽しそうでしたー。

　マキちゃんTが記した子どもたちの発言の中の「！」「!!」「ー」や「……」には、子どもたちのこころの声までもしっかり聴きとろうとする姿勢や、マキちゃんTのこころの内側にとどめおこうとする気取らぬ思いが読み取れます。すべてをわかって子どもたちに「与え教える」のでなく、回り道でもいっしょに歩き、道すがらの発見を楽しもうとする姿勢が伝わってきます。

　生まれてくる赤ちゃんの名前を「何になるかは、生まれてからのお楽しみ……」と綴ったこと。それが思わぬ形で翌々日の日報につながっていきます。

2020. 5. 14

　　昨日の午前中、さくらが床かきを始めました。行ったり来たりし
ながら床かきをはじめ、しばらくして破水。子どもたちが見守る中
の出来事。しかし、そこからがなかなか陣痛（というのかなー）も
こないようで、30分経過し、1時間経過し、とうとう獣医さんを
呼ぶことに……。獣医さんが来て、手探りで赤ちゃんの足だけを出
し、さくらはすごい声でないたものの、子宮口がかたくて赤ちゃん
の頭が出ず。そこで、緊急帝王切開となりました。さくらが痛そう
になく姿や、赤ちゃんの足だけが出てきているのを目の当たりにし
た子どもたち。「赤ちゃんの足、茶色やったよねー。」「さくら苦し
そうやったー。」「おなか切るん？」「赤ちゃんも切れる？」と口々
に言ってました。

　　みんなが帰ってからの帝王切開となり、終わったのが夜8時。残
念ながら、赤ちゃんは呼吸をしていませんでした。今日、みんなに
なんて伝えようかなぁ……と思いながら、私自身もショックでした
ので、考えながら保育園にやってきました。とりあえず、昨日おな
かを切ったこと（さくらに傷口があったので、リアルだったと思い
ます）、赤ちゃんが死んでしまったことを、そのまま丁寧に伝えま
した。それを真剣に黙って聴いていた子どもたち。

　　その後、赤ちゃんも見せ「いっしょに遊びたかったなぁ。」「オニ
ごっこしたらついてきたかなぁ。」と口々に思いのままをしゃべり
あいました。そして、かわいい赤ちゃんの顔を見て「みかんちゃん
がいい！」とみんなで名前を決め、お昼過ぎにみかんちゃんを埋め
て、お墓を作りました。

　　子どもたちの中に、いろんな思いが交錯していると思いますので、
おうちで聞いてあげてくださいね。

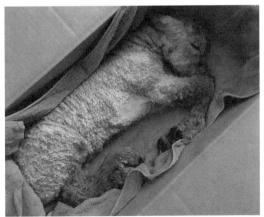

　みんなで楽しみにしていたさくらの赤ちゃん。写真には夜の緊急帝王切開に立ちあう保育者たちの本気の祈りと哀しみが、率直に写し出されています。

　子どもたちに「なんて伝えようかなぁ……」と考えながらも「私自身もショックでした」とあるように、マキちゃんＴ自身のこころの整理がまだついてないことが隠さずに綴られています。そのうえで、このつらさと葛藤は、やはり子どもたちといっしょに乗り越えるしかないのだと、子どもたちといっしょなら乗り越えていけるのだと、この出来事を通してマキちゃんＴ自身が学んだのでしょう。みんなで受けとめたみかんの死、その厳粛さが、子どもの発言を記した文章と写真のどちらからも、ひしひしと伝わってきます。

　前々日の日報で、マキちゃんＴが「（名前が）何になるかは、生まれてからのお楽しみ……」と書いていたことが、おなかの中でいのちの灯が消えてしまったけれど、その身体がみかん色に染まっている様子を見て子どもたちから「みかん」と名付けられたことにしっかりつながっていったことがわかります。

　日報の、さくらの赤ちゃんの死産を知らせる最後の一文。「子どもたちの中に、いろんな思いが交錯していると思いますので、おうちで聞いてあげてください」と書かれていることも、いのちをひとつずつ持ちよりあってこれからもいっしょに生きていこうとするマキちゃんＴの決心がうかがい知れて、保護者の方々は「聞いてあげてください」というお願いを、こころの奥深くで受けと

めたはずです。

　こんなエピソードの積み重ねが、保育者と保護者の信頼を築いていくのではないでしょうか。

◇◇

新しい「物語記録」にむけて

　3つの「羊ものがたり」を読んでもらった。保育の記録でありながら、子どもたちと保育者が日々迷いながら、敷石をどこに置くか、1つ1つ決めて紡いでいった「物語」である。先に、どこどこに敷石を置いて…と、保育者がねらいを定めて語る、保育者の手の中にこっとりと収まるような「保育物語」ではない。

　本章のはじめに「物語」という手法を予定調和的まなざしでもって導入することへのとまどいを記した理由が少しおわかりいただけただろうか。〈そりゃあ、日々こんなダイナミックな事件が起きれば、記録もダイナミックになってくるでしょうけど…〉と、もし思われたなら、もう1点、「こぐま」の保育記録の「物語」を支える、大事な視点に注目してほしい。それは、言葉、である。

「こぐま」の言葉

　①保育者たちの語彙の中に「させる」がない

　食べさせる。歩かせる。片づけさせる。寝させる（寝かしつける）……。こうした使役の助動詞が、保育者たちの会話や記録の中に出てこない。

　それは、園での日常が、いっしょに食べ、いっしょに歩き、いっしょに部屋をきれいにし、眠りにつくまでの時間をごく自然に見守っているからだろう。時間に日常を支配されず自然体で生きあっていれば、「させる」は必要ないのだと気づかされた。

　②先生も子どもも羊も生きているものをみんな「名前」で呼んでいる

　羊の名前は「くるみ」や「さくら」だし、先生の名前は「レーちゃん」「クミちゃん」「マキちゃん」で子どもたちの名前との区別がないから、外部の人間には、だれがだれやら、大人やら子どもやら、さっぱりわからない。でも、

日々の保育の中でひとりずつとちゃんと出会っていっしょにいる彼らには、なあんにも不都合がない。いっしょに生きている仲間だから、大人、子ども、羊……と区別する必要がないのだ。

③「無事」という言葉が一度も出てこない

なんらかの行事や計画実行の締めくくりに、普通は「なんとか皆さんのご協力のおかげで、無事に終えることができました。」などという挨拶言葉が出てくるものだが、どの記録の中にも「無事」は一度も出てこない。考えてみれば「無事」とは「事無きを得る」こと。「こぐま」には、「事はいっぱいある」のだ。そのひとつずつの「事」を面白がり、愛おしんで重ねてきた月日が保育者の中から「無事」という言葉を遠ざけたのだろう。

④「より」という言葉が見当たらない

子どもたちのことを語る会話や記録の中に「より」が出てこない。「よりいっそう」と歩みを鼓舞しない。「AよりBの方が」と較べない。「より高くより早く」と直線的に成果や評価をしない。そのかわりに、子どもたちの中から生まれる「もっと」は、大きくなりたいというエネルギーの発露として存分に大事にされている。子どもたちの内側から沸き立つ生命エネルギーをちゃんとキャッチするためには、大人の側からの評価づけのまなざしを捨てることがどんなに大切なのかを思い知らされる。

考えてみれば、さまざまな教育機関の中でも家庭でも、この4つが逆の形で多用され、大人も子どももがんじがらめになっている。そしてこの「がんじがらめ」が、融通の利かない型通りの「物語」をあちこちで生み出しているのかもしれない。

チポリーノものがたり

～ SHOW づくりの日々～

　2023年2月と3月の宇部園舎宇宙組月報は、卒園に向けて、宇宙組総仕上げの SHOW づくりの物語が連続で記されています。ミニイラストや先生と保護者の暗黙の了解となっているのであろう記号が満載の軽やかな文体ですが、その中身からは、まもなく巣立ちの日がやってくる子どもたちの内なる力をしっかり見届けようとしている保育者の心情が痛いほど伝わってきます。「子どもたちの自主性を徹底的に尊重し見守る」姿勢が、子どもたち自身で紡ぐ物語の見えない横糸になっています。

チポリーノ SHOW の晴れ舞台

うべ🪐だより 2023.2がつ

1月11日、新年あけて、ようやく全員が揃いました。そこで卒園式の話をすることに。"みんなの卒園式をね、ときわ公園でしたいなと思ってるんだけど、どう？" "え？😳" "勝手に使ったら、だめですよ〜" っておこられるんやないん？" "それがさ、さいとうさんがお願いしてくれて、ごうま保育園の人、使ってもいいですよって言われちょるんよ😊" "え〜💕" "今から場所見に行くけん、どんなことしたいかなって考えてみて〜や！😊" "わかった〜🙆" とわくわくしながらむかいました。到着して、早速ステージにあがり、堂々と立って"ここ、めっちゃいい景色やんじ。" "いろんなお客さんが来れそうやね" でも、ちょっとはずかしい、ひとりひとりがそれぞれに思い描いたイメージを言葉にしていました。そして、すでに☀️と数人の🌙（夕暮れの🌙は、他にいろいろひかれるものがあったみたいに😊）で♪チポリーノ と♪やくそくをうたいましたよ。もちろん、アカペラですがその歌声のすてきなことったら💕☀️🌙の誇らしい表情、たら💕 その2日後の1月13日、（あり）"チポリーノの歌の踊りを自分たちで考えるのはどう？" と突然の

提案。"ひとりひとりになぜか？こそこそ話でおしらせしていました。みんなで小さい丸になって、こそこそ話している〜と思ったら、また突然の急展開で、配役の話しあいが始まったのです。流れ、はや!!! 役が決まったら、いよいよ踊りを考える。"そ〜れそれ（ソーラン節のような!?）をいれたい！" "みんなで手をつなごうや〜" "ともだちいっぱいのところはジャンプしよ〜" どんどん出てくる出てくる。"かぶこやん、いちごさん〜" は、ひとりずつポーズしたらいいやん、とやってみる〜も、"あれ？チポリーノって呼ばれんよ" "もぐらおばさんをおらんやん" それなら歌をかえるのは??? と歌詞を変更して、振り付けは順調にすすんでいったのでした。今はというと、♪チポリーノダンス🎶で着る★My衣装★をちくちくと仕立て中。お面もつくって劇をしたいと大がかりなことになっていますが、どんな事になっていくのかしら〜😊 あ、せっかく自分で編んだ縄とびも踊りにいれたいそうで、思案中のようですよ🎶 そばで見ている大人は、何だか大丈夫なことになってきいてドキドキではあります😊 けどいっぱい楽しもうよ♡

2017.2.22 うまれ 🎂おたんじょうび おめでとう🎉

うべ🪐だより 2023.3がつ🌸

3月ですね。あっという間に3月にすすいにすぎていた2月でした。卒園式に向けて🪐さんの情熱があふれた2月でした。先月の便りで大きなことになっていますと触れていた"チポリーノ" ほとんどの子の衣装もできあがり、劇でなくShow🎶（だそうです😊）も、ひとりにひとりずつセリフをもって、構成もジバ・タチで。決め《大がかりにはたぶん遠いのですが》がありになってきました。Show🎶の上演時間は、きっと長くて、ちゅ〜一瞬です。当日の姿は、本当にわずかです。ただ、そこにいたるまでの過程にはたくさんのドラマがありました。服を作る！ことひとつ取っても、まず、自分たちの思い描くデザインを絵にし、職員や保護者の方からたくさん持ちこんでもらった柄や生地を選び、採寸・裁断、ようやくちくちく針仕事開始。自分のTシャツ👕で型どり、裁断、したいことは〜〜ぬいぐるみの高す算にもちろんなく😅動きに、いいかんじにちくちくし、さ！いよいよできたぞ！とびっくり返してわくわくしながら着ようとするも…👕Tシャツはめちゃくちゃスリムにしあがっていて、ひよこさんがようやく着れる程のサイズになっていて、へなへな〜😅 とじが折れたり、えりぐりの部分をきれいにちくちくされていて、いざ着るときになって、ようやく、"あれ頭がどんよ、これ" と気づいて、どよ〜ん😅となったり、いろんなことがありました。成功より失敗のちゅ〜ルと多かったです。

ボタンを付ける時、前身と後身、2枚重ねてちくちくしたらだめな事はわかっています。わかっているんです。でも！や、ちゃうんです。何度か申しましたとね！🪐さんズボンも股のシリ浅すぎ、どうやってもお尻いっぱい入ってくれなくて、どうする〜？どうしたらいい〜？あ！そうだ！○○してみようかな😊 ひらめいた事を取り入れながら、何とかなんとか完成になったんです。Show🎶だってそう。時間をかけても何一つにも話がすすまない日もあって、そのうちに遊びになったり、誰かがだす案を何人かふざけめてくる日もあって、やらなくていいじゃん？と言ってみると、声をそろえて"やる〜" みんな別々の角度からやりたいセリフがとびだしてきて、わかわちゃ〜ってなる。こりゃどうなるんじゃ〜🪐と思っていたら、びっくりする程の展開をひとりひとりのセリフが決まり、みんな（あり）のセリフを言う時に一緒に手つなぎで出たらいいやん！とちゃけていた練習してみたら、いつもセリフを忘れちゃう（はずかしいのもあり）ひとりに"何ちゃんとかちゃんのん!!!" とにらみ合いになったり、アクションが違うと何度もこける練習をしたり〜山あり山あり谷あり山あり！の日々でした。書ききれないことの方が多くて、わたしの心だけに留めておくのは本当に本当にもったいないのですが、卒園式当日に、たくさんの情景あっての"今日の🪐さんの姿" を見届けていただけるとうれしいです。昨年末から経験を重ねてきた火の活動も、いよいよ大話のおししょを見ぬいたり、鱗を焼いたりとブロック窯での活動をまいちゃんと🪐かたちゃんと一緒に楽しんでいます。木を割り（折り）くべて火をつけ、汁の味付けまで全〜部安心しておまかせできるようになってきた🪐さん。3月もみんなのお腹と心をいっぱい満たしてね♡

2月の月報

　子どもたちの発言の豊かさと弾力ある成長ぶりに圧倒されます。年長組の子どもたちが自分たちの手でMy衣装を創る？　しかも、生地選び・採寸・型どり・裁断・ちくちく針仕事……ぜんぶ自分たちでやるとは。そしてそこまでやっての、「失敗」の連続。途中で挫折しかけても、担任に「やらなくていいじゃん？」と言われても「やるー」。そして、みんなと同じペースで進むのが難しい友達のことも、自分たちでいっしょにステージに立てる方法をちゃんと考え出していきます。こうした子どもたち同士での話しあいの過程を、保護者に向けた通信の中でも、会話文でそのまま書き表せるのは、「こぐま」の子どもたちが自分の時間を生きることに率直で、彼らの言葉が生活に密着していつもリアルだからでしょう。

　こうして記録された子どもたちの姿とは対照的に、担任が子どもたちの活動を引き出すために自分からもちかけた言葉は、子どもたちからの問いかけを受けてかけた言葉を含めても、なんと、2月の月報の中では最初の3つだけ。

「みんなの卒園式をね、ときわ公園でしたいなぁと思ってるんだけどさ、どう？」
「それがさ、さいとうさんがお願いしてくれて、こぐま保育園の人使ってもいいですよって言われちょるんよ」
「今から場所見に行くけん、どんなことしたいかなぁって考えてみてーや！」

　子どもたちのあこがれの場所で卒園式ができるかもしれないよ、ともちかけ、子どもたちのこころに慎重に火をつけるだけで、あとは、圧倒されるほどぐんぐん子どもたちが知恵と根気と友情と……、いろんなものを発揮していきます。この時期、年間の活動の総まとめとして「劇」を仕上げる取り組みはよく行われます。でも、子どもたちが劇を練り上げ創り上げていく過程が生き生きしているものは、さほど多くありません。

3月の月報

　子どもたち自身が「これは劇でなくSHOWだ」と告げた言葉を受け「劇ではなくSHOW♫（だそうです）」と綴り、このあと劇という言葉を担任も一度

も使いません。SHOW を見守るべく、担任の気持ちも切り換えられていきます。そして、3月の月報を追ってみると「仕あがりにはだいぶ遠いかもですが」「成功より失敗の方がうーんと多かったです」「2枚重ねてちくちくしたらだめな事は、わかっています。わかっているんです。で！も！やっちゃうんですよ。何度やり直したことか…」「何とかなんとか完成になったんですよ」「山あり山あり谷あり山あり！の日々でした」などなど、何がしかの援助をしたくなる気持ちをぐっと我慢して、子どもたち自身が失敗をバネに成長していく姿をうずうずしながらも見守っていることが、リアルに伝わってきます。月報を読む保護者も、担任が今保護者に向けて、子どもたちのがんばりを語りたくてしかたがないんだということが、この近しい語り口で理解されるのではないでしょうか。担任と保護者の距離が、子どもを同じ気持ちで見守っていると確信することでぐっと縮まっていきます。

　そして月報の最後の部分に「書き切れないことの方が多くて、わたしの心だけに留めておくのは本当に本当にもったいないのですが」と心情をまっすぐに伝え、「卒園式当日は、たくさんの背景あっての"今日のうちゅうさんの姿"を見守っていただけるとうれしいです」と一番大事なことをきっちり述べています。たくさんの背景あっての今日の物語。保育の物語は、このように、日々の小さな物語が次なる日々の背景となって重ねられていくのです。

1～3月の日報・連絡帳

　月報の表現をたどっていくだけで、こんなふうに子どもたちの成長の足跡が鮮やかに浮かび上がってきますが、ここでは今一度、担任のフクちゃんTの日報と保護者がそれを読みながら同じような気持ちで見守っていく様子のわかる連絡帳で、同じ出来事をたどり直してみたいと思います。

日報	宇部園舎 フクちゃんT

> **2023. 1. 16**
>
> 今日は山組・太陽組・宇宙組で歌とリズム遊びから始めました。

宇宙の唄声、すてきすぎてみとれてしまう。ピアノの手がぶれぶれになってしまう。そのあと、また縄跳びを編んでいたのですが、突然しおりちゃん「チポリーノのうたのおどりを、自分たちで考えるのはどう？」と私の耳元で言ってきました。

フクT「みんなにも言ってみたら？」とこっそり耳元に返すとみんなにもこそこそ話してお知らせ。すると急に、誰が何役をするのか、話しあいがはじまりました。紙芝居の絵をみながら

たくみちゃん「もぐらがいい〜！」

しおりちゃん「いちごさんがいい〜。」

　かぶ子さんは、さやちゃん、あおいちゃん、ゆうちゃんが手を挙げて、じゃんけんで勝った人が役をもらえるそうで、結果ゆうちゃんに決まり、

さやちゃん「じゃ、さやはぶどう親方にする〜。」

あおいちゃん「トマト騎士にしよっかな〜。」

とそれぞれ役を決め、その後おどりを考える。

たくみちゃん「そーれそれ！を入れたい。」

「みんなでてをつなごう。」「ともだちいっぱいのところはジャンプしようや〜。」……いろんなイメージがあるんだね。どんどんでてくるでてくる〜で、かぶ子さん、いちごさん……と名前が出てくるところでは、こうしよう〜とやり始めたのです。

「あれ？もぐらおらんよ。」「たく、かえたら？」「いや、もぐらがいい〜。」「じゃぁ、歌を変えるのはどう？」と歌詞を変える。

そらちゃん「チポリーノ。」

あおいちゃん「やっぱり、さくらんぼうやがいい！」

はるちゃん「じゃ、はるはトマト騎士ね！」

　そして、みっちゃんは、にらやまにらきちどんに決まりました。卒園式にやりたいそうですが……、どうなることやら。

　この日報を読むと、チポリーノSHOW のはじまりはすでに１月にあったのだとわかります。

　子どもたちの「やらされ感」のない、自主的で民主的な「創造活動」の誕生を日報で知った保護者からは、連絡帳で次のようなコメントが返ってきています。

連絡帳｜みんなでつくる卒園式、すてきですね。最近娘との会話はチポリーノの劇の事で、紙芝居の内容を詳しく教えてくれたり、誰がどの役割をするかで盛り上がっています。

　１月16日以降、フクちゃんＴの日報には、３月卒園式でのゴールまでの道のりが、ていねいに記されていきます。

　踊りの振り付けを子どもたちがどうやって決めていったか、お面はどうやって作っていったか、洋服のデザインはどう決めていったか、途中で投げ出そうとする気持ちを子どもたちが自分たちでどのように乗り越えていったか、だんだん SHOW の形ができてくると、ここまでの疲れや不安が噴出しいざこざが起きてくる様子、どれもこれもが、すべて大事な子どもたちの成長の軌跡と受けとめる保育者のまなざしと保護者の理解の中で、「たくましきチポリーノものがたり」が編み上げられていきます。

　さらに、日報を続けて読んでいくことでわかった確かなこと。それは、この SHOW に向けての時間だけが、彼らの保育時間を占めているわけではないという保育の軸のぶれなさです。どの SHOW の記述も、一日の活動の一部なのです。それが日報をめくると伝わってきます。

　保育が行事に向けた活動に占拠されてしまうありがちな様子は、どこにもありません。雪が降れば雪遊び、山で縄跳び遊び、公園への散歩、マシュマロ焼き、竹ぼうきづくり……と切れ目なく子どもたちの中の「これをしたい！」という思いに沿った活動は続き、その中に SHOW への道のりも組み込まれているのです。

　例えば、子どもたちの熱い思いを記した１月30日の日報。

2023. 1. 30

　　山組、太陽組、宇宙組で神原公園に行ってきました。風はあるけど日差しもあたたかくて、しっかり防寒して歩くと"寒い〜"ってこともなく、さんぽできましたよ。片道45分くらいかなー　やまぐみの手をひいて、道路では危なくないように車道側が宇宙組。声をかけながら歩いていました。到着してからは持っていっていた縄とびであそんだり、ボルタリングを互いにおしり支えあいながら登ることに成功したり……　久しぶりの公園を楽しんでいましたよ。

　　最近は昼のおしごとが終わってから、洋服の仕立てが始まっていて、午睡の時間もたっぷり活動している宇宙組。あたたかい部屋で針仕事していると途中ねむくなるのか、時にご機嫌ななめになったりしながらも、でもどうしてもココをこうしたい！という気持ちが強くて、あきらめずにつづける姿があって、心揺らしながらも思い描く衣装に近づいています。

　こうした子どもたちのがんばりに保護者からの連絡帳にも、応援のメッセージが綴られています。

連絡帳	2023．2．1 昨日衣装少し見ました！どれもステキですね。なにより、子どもの描いたデザインを形にしてくれた先生方がすごい‼ 宇宙さん最高の思い出です。

連絡帳	2023．2．1 夕飯の話題もチポリーノ！詳しく教えてくれるので、配役も歌もだんだん覚えてきました（笑）こんなに何かに夢中になれる経験、ありがたくうれしく思います。

　さて、卒園式での感動の SHOW の様子は３月の月報でじんじん伝わってきますので、ここで加えて紹介したいのは、そんなこんなもすべて終えた宇宙組最後の２日間の日報です。３月30日と３月31日の日報の欠席の子どもの名前を記す箇所に「㊡なし！」。フクちゃんＴがくっきり刻んだ「なし！」の文字に未来へ進む子どもたちへのエールが込められているような、フクちゃんＴの「よし！ がんばれみんな！」の声が聴こえてくるような気がしました。

日報	宇部園舎 フクちゃんＴ

2023．3．30　　　　　　　　　　　　　　　　　　㊡なし！

　　３日間の合宿を終えて、今日も８人そろいました。「いつ行く？」「まだなん？」と楽しみにしていた、ほうき作りに行きました。前回の続き。今日は竹にしっかり乾かした（火であぶって干した）枝を巻いていく作業。枝の束をまんべんなく巻き、針金で止めていきます。４〜５ヶ所巻いてペンチでくるくる。そしたら、できあがり。中村さんがほうきに "戦争" と。？どういうことなんだ？
　　世界平和とはとても言えない今。宇宙さんが成人を迎えるころ、

日本はどんな国になっているだろうか。子どもたちに明るい未来を！ほうきにも"戦争放棄"の願いを込めて。

　明日持ち帰りますね。ご家庭でも「平和」について、改めて話すきっかけになればうれしいです。明日は今年度最後、保育園最終日です。

　みんな揃って、楽しい楽しい一日にしたいと思います。元気に来てください!!

2023. 3. 31　　　　　　　　　　　　　　⒃なし！

　今年度最後の日。こだぬき組・太陽組から「宇宙組といっしょに散歩に行きたい！」と言われていました。行先は昨日の宇宙組の話しあいで、"ときわ公園"に決まっていたんですよ。ときわ公園……。バスでも歩いてもたくさん行ったね〜。卒園式ときわ公園でしたんだよぉ〜って、大きくなってもずっとずっと忘れないでほしいな。まさか、またみんなといっしょに桜が観れるとは思っていなかったけど、時期が早まっていっしょに見れた今日の桜をフクちゃんはずっと忘れないでいるね。

　小さなクラスの子を手を、やさしくつないで歩いてくれました。今日も変わらず楽しい楽しい時間でした♪

記録のかたちは、保育のかたち

　フクちゃんＴの保育記録を通して読みながら、つくづくわかったことがある。

　保育記録はどう書くかが問題ではないんだな、その前にどういう保育が行われているかがやはり問われているんだな。

　童話や絵本を劇遊びに発展させる試みは、どこの園でも行っている。そして、保育者たちはみな、「劇のもとになる作品選び」に悩み、子どもたちがその気になるような誘いに悩み、舞台装置や衣装に悩み、「どうすれば成功に導ける

か？」に悩む。でも、フクちゃんＴはそのどれも悩んでいない。なぜなら、担当したこの年の宇部園舎宇宙組の子どもたちは、最初から自分たちで決め、自分たちで準備して、自分たちのゴールまで自分たちでたどりついたからだ。この過程のどれか１つでも「自分たちで」を手放したら、途中で訪れるいくつもの困難（意見の衝突や失敗によるやり直しの連続）を乗り越えることは、おそらくできなかっただろう。フクちゃんＴにはたぶんそれが、１年間を子どもたちと共に生きる中でわかっていたのだと思う。だから、子どもたちに何を授けるべきか、どう指導するべきかにこころを砕くのでなく、子どもたちひとりひとりが他人を理解し自分を輝かせる一人格としての「わたし」になっていく時間に寄り添い、その過程をつぶさに記録していった。それがこの保育記録の一番大事な点である。

「チポリーノ」を子ども自らが選んだということ

　それにしても、「こぐま」の子どもたちが、どんな大人たちの誘いかけによるのでもなく、自ら「チポリーノをやりたい！」と決めたことに、胸が熱くなる。『チポリーノのぼうけん』は、1951年に刊行されたイタリアの作家ジャンニ・ロダーリの最初の長編童話である。ナチスやファシスト政権が台頭する苦難の時代に、親友を戦争で亡くし、兄弟を強制収容所に入れられたつらい経験をもつ作者が、弱い者同士が助けあい信じあい、どんな権力にも屈せず進んでほしいと子どもたちに託した「勇気」と「ユーモア」が、翻案簡略化された紙芝居を通して「こぐま」の子どもたちにがっちり受けとめられたことは、偶然ではないだろう。時代も国も異なれど、「権力の暴走」を子どもたちが見逃すわけにはいかなかったのは、「こぐま」を生きる生活実感があったからだろう。「チポリーノ」を通して子どもたちが表したのは、自分たちのいのちの尊厳でもあったに違いない。尊厳を放棄するわけにはいかない、だからみんなでがんばれた。そして、がんばり通す子どもたちにエールを送り続けることが、フクちゃんＴが保育記録を書くことの意味でもあったのかもしれない。

「こぐま」の保育・保育記録から学べること

子ども自身が生きることのプロデューサー

　保育の分野において、「物的環境」を整えることは、室内の様子を中心に検討される場合が多い。それは、保育者の意図が入り込みやすく大人が操作しやすいことが１つの要因であり、そのこと自体への問い直しは少ない。例えば「コーナー保育」といわれるように「絵本コーナー」「ままごとコーナー」「製作コーナー」「積み木コーナー」などを「環境の再構成」として設定することは、保育をすすめる上で必要とされてきている。この場合、環境設定をするのも環境を「再構成」するのも保育者（大人）が中心である。このことを仁慈保幼園（2023）では「物的環境は、舞台装置」「人的環境はプロデューサー」と表現している。

　主役であるはずの子どもを輝かせるための配慮や構成力を保育者に求める形は、「指導計画＝目標、ねらい」に沿うために一般的である。これに対し、「こぐま」のあらゆる記録から読み取れることは、室内外を問わず、子ども自身が真の主役であり、「子どもひとりひとりが自分を生きることのプロデューサーである」という事実だ。子どもたちが生きる場所すべてが、自ずと彼らの舞台装置となる。

　このことを、自然がいっぱいで物的環境に恵まれているからだと、理由づけして、本質的な議論を遠ざけてはほしくない。どの環境がより優れているということでなく、「こぐま」の理念によって育った子どもたちこそが見事な主体者であり、彼らの選ぶ生き方そのものが環境でもあるのだ。

保育記録のあり方再考

　近年、保育の質的研究のためのさまざまな方法論が発表され、保育者の力量の向上を促している。例えば、「自然観察法」「エピソード記録」「ビデオ記録」「ウェブ型記録」「保育マップ型記録」「ジェノグラム」「エコマップ」「SOAP型記録」「ポートフォリオ」「保育ドキュメンテーション」「ラーニングストーリー」「保育ウェブ」などが挙げられる。

その一方で「保育者はそれでなくても忙しいんだよね。あれしろ、これしろって言われていったいどうすればいいんですか？」という現場の保育者の要望に応えた救済型のテキストが続出している。「保育記録の取り方と活用」「連絡帳の書き方のコツ」「保護者対応の法則」など具体的な事例や資料に関する保育の書籍や雑誌類＊も多数発刊されている。このような書き方の技術は、かえって記録者の自由な感性や発想を狭めているように思われる。

こうした保育技術に関する多様な流れの中で、実はもっと根本的なものを見失っているのではないかという気がしてならない。

くり返し述べているように、保育記録には、自分にしか書けない、子どもたちと保育者自身の生きざまを写し出してほしい。

＊例として、以下のような雑誌が挙げられる。
　月刊『保育とカリキュラム』ひかりのくに.
　月刊『Pot』チャイルド本社.
　定期誌『PriPriパレット』世界文化社.
　月刊『PriPri』世界文化社.
　季刊誌『新　幼児と保育』小学館.

文献

朝日新聞DIGITAL「待機児童は減っても『保育の質』の議論は横に……　汐見稔幸さんの指摘」朝日新聞社，2022. 10. 7.（2023年6月28日閲覧）

浅井拓久也『先輩保育者が教えてくれる！連絡帳の書き方のきほん』翔泳社，2019.

ベネッセ教育総合研究所「教育フォーカス　特集23　保育の質を高めるために、保育記録の活用を考える」2019.
　https://berd.benesse.jp/feature/focus/23-hoikuworkshop/（2023年8月23日閲覧）

Bruner, J. , *Acts of meaning*. Harvard University Press.1990.

Graesser, A., Woll, D., Kowalski, S.,and Smith,D., The ambiguity of recognition memory tests of schema theories. *Journal of Experimental Psychology: Human Learning and Memory*, 6, 1980, pp. 503-515.

Green, M. & Donahue, J. K., Simulated world; Transportation into narratives. In K. D. Markman, W.

M. P. Klein and J. A. Suhr(Eds). *Handbook of imagination and mental simulation.* Psychology Press, 2008, pp. 241-256.

市村久子原案，赤羽末吉作・絵『おおきなおおきなおいも』福音館書店，1972.

仁慈保幼園『非認知能力をはぐくむ仁慈保幼園の環境づくり』Gakken，2023，p.15.

ジャンニ・ロダーリ原作，木村次郎脚本，岡本武紫画，紙芝居『チポリーノのぼうけん』（前編・後編），童心社，1970.

ジャンニ・ロダーリ作，関口英子訳『チポリーノの冒険』岩波書店，2010.

河邉貴子・田代幸代編著『目指せ，保育記録の達人！』フレーベル館，2016.

木梨美奈子監修『もう「書く」「伝える」に困らない！ 改訂版 保育で使える文章の教科書』つちや書店，2020.

森上史朗「特集 物語るものとしての保育記録 保育実践研究の基盤を考える──見ること、語ることから記録することへ」『発達』第64号，ミネルヴァ書房，1995，pp.1-6.

村中李衣『「こどもの本」の創作講座』金子書房，2022.

日本保育協会監修，岸井慶子編著『保育の視点がわかる！ 観察にもとづく記録の書き方』中央法規出版，2017.

二宮祐子『保育実践へのナラティヴ・アプローチ』新曜社，2022.

大豆生田啓友『ちょっとした言葉かけで変わる 保護者支援の新ルール10の原則』メイト，2017.

大豆生田啓友・鯨岡俊・浅井幸子・松井剛太・佐伯絵美・岩田恵子・中坪史典他「特集 子どもに出会い・語る『保育記録』」『発達』167号，ミネルヴァ書房，2021.

小栗由樹・石井正子（2023）『ドキュメンテーションを用いた保育の振り返りと保育者の成長—テキストマイニングによるデータ分析結果の保育経験年数による比較』日本保育学会第76回大会 P-C-7-09.

幼少年教育研究所編著『新装版 保育記録のとり方・生かし方』鈴木出版，2021.

第 2 章

子どもたちとの
日々から
保育者が成長
していく

保育者にとっての保育記録～迷いの足跡～

保育者は、日々実にたくさんの記録を書く。それらを、読み手の同僚や上司、保護者、就学先の学校の教員らに受け入れられるわかりやすい形で記していかなければならない。

毎年、幼稚園教諭あるいは保育士になるために実習に出かける時期になると、学生たちはみな「実習園で何をすればいいか」「子どもたちに何をさせればいいか」に頭を悩ませ、夜遅くまで指導計画を立てたり、その日の指導の振り返りを分刻みでびっしりと書き込んだりする練習をして実習に臨む。実習が終わると大学に戻って、実習記録のまとめの書き方に頭を悩ませる。指導計画の修正や日々の子どもへの支援方法、指導の進め方などの振り返りを何ページにもわたって書き込む姿は、真剣そのものだ。

しかしその一方で、学生たちは、事前事後を含めて、この実習を何とか乗り越え、晴れて現場に保育者として採用されたならば、さらにさまざまな記録を、「建前の記録と本音の記録」で書き分けていく必要があることにうすうす気づいてもいる。

「ねえ先生、なんでこんなにいっぱいあれこれ書かなくちゃいけないんですか？」

学生が机から顔を上げ、疲れたような顔で問いかけてきた。

記録は何のために書くのか？ 記録する目的について、森上（1995）は「大きく、自分の向上のための省察と自分の実践を他者に開いて他者と交流することの二つに分けられる」と述べている。また、河邉・田代（2016）は記録を書く意味を「子どもを理解する」という側面と「保育を振り返る」という側面からとらえ、「保育を記録するということは、子ども理解を深めるため、そして、自分自身の保育行為を振り返ったり子ども観や保育観を見直したり ～中略～ して、記録によって2つの側面から保育という営みを省察することになる」と述べている。

ここには、記録を書くことによって保育の質の向上が図られるに違いない、保育の記録は保育の質の向上のかなめである、との期待が込められている。

　その期待に、保育者は、どう応えていけばよいのか。特に経験の浅い保育者にとって、この期待は重いはずだ。

　本章では、ふたりの新人保育者の奮闘ぶりを写真と日報で追いながら、1年スパンと4年スパンでそれぞれ読み解く。

　保育者も最初から完璧だったわけじゃない。完璧ではない、つまずきだらけのその時に、誰がふわっと背中を押してくれるか、誰が黙って手をつないでくれるかが、その後の保育の道の歩き方を決めてくれたりもする。

　「いっしょうけんめい」は、失敗の言い訳にはならない。でも、「いっしょうけんめい」悩んで苦しんだその傍らにいつも子どもがいてくれたことを忘れないでいれば、いい。その記憶は、やがて失敗を大変身させてくれるだろう。

新米先生の覚悟が育つ１年間

パート１：子どもたちの仲間づくりに立ちあう

　こぐま保育園（以下、「こぐま」）における保護者にあてた日々の通信（日報）はどれも読みごたえがあります。その中から、まず就職２年目の１年間（2006年４月～2007年３月）を「山の園舎太陽組担任」として過ごしたクミちゃん（先生、以下Ｔ）の日報から保育者としての覚悟が育っていく過程を読み取っていきます。

日報	山の園舎　クミちゃんＴ

> **2006. 4. 13**
>
> 　この日は午前中小雨だったので、宇宙組といっしょに園バスで図書館に行くことになった。
> 　図書館行のバスに乗り込む前に、部屋でもえちゃんとゆうすけちゃんがトラブル。（ちょっと当たったとか、ちいさなトラブルでした……）
> 　もえちゃんが大声で泣いて座り込み。宇宙・太陽がみんなバスに乗ったので、聞いてみました。「ねぇ、こんな時、待ってたら、もえちゃんは来る？」「むかえに行かんと来んよ。」「誰が？」「これま

> ではいつも、オーちゃん（Ｔ）が行っとったよ。」
> 　でも、もしかしてお友達のむかえで来ることができたらステキ
> なので、ためしに、げんたちゃんとえりちゃんが行ってみました。
> ……ダメ……。次にななせちゃんとまりなちゃんが行ってくれまし
> た。そうしたら、もえちゃんと３人がニコニコやってきたのです。
> ヤッターとみんな大喜びでむかえました。

　前年度は、ひとりずつの感情のふきだまりに保育者が対処していたけれど、１つ上の組になった今年は「でも、もしかしてお友達のむかえで来ることができたらステキなので」とクミちゃんＴは考えています。そして「ためしに」とあります。だめでもともと、ちょっと子どもたちの関係づくりのステップアップを計画してみた保育者のチャレンジ心が伝わってきます。

　その結果「……ダメ……。次に……そうしたら」と、なりゆきの見通しがあったわけでなく、クミちゃんＴにとっても見通せないチャレンジだったことがわかります。そしてうれしいことに、もえちゃんのお迎え作戦が成功します。そして、最後の一文にこのクラスのよさを確認できた喜びが表現されています。

　「ヤッターとみんな大喜びでむかえました。」みんなで喜びを共有できるクラスづくりがはじまっており、みんなの喜びとして綴れることはクミちゃんＴのすばらしさです。ここまでの文体に沿って考えれば最後の一文は「ヤッター。みんな少しずつ成長していることを実感しました。」と書くことだってできたはずですから。

パート２：昨日を乗り越え、今日をていねいに

　次は、太陽組がスタートし、２か月が経ったある日の日報です。クミちゃんＴは前日日報を書けなかったことがわかります。保護者に向けた日報の出だしはその告白にはじまり、今日の活動、空港内の公園行きの様子が綴られていきます。

　理由はわからないけれど昨日の保育はクミちゃんＴにとって相当にショック

だったんだな、そこをどう乗り越えて今日の日を迎えているのかなぁと、心配になるような書き出しです。では、そのやや不安な出だしではじまる日報を読んでみましょう。

日報	山の園舎　たいよう　クミちゃんT

2006. 6. 6

　　昨日は日報をお休みしてしまいました。ことがらとしては、朝みんなで常盤公園に行く！と決めて笹山に行って、常盤公園に行ったのですが、そこにある心情や思いなどを、うまく伝えられず、お休みさせてもらいました。

　　昨日は朝みんなでどこに行くのかを決めるのに時間がかかって活動の時間が減ってしまったので、今日の活動（どこに行くか）は、昨日の昼寝の後、太陽ぐみで集まって「空港！」と決めていました。なので、今日は、サッと出発しました!!

　　空港へ行く道は、歩道をずーっと通る道とゆいちゃんのおうちの前を通る道など、いろいろ行き方があるのですが、今日は、げんたちゃん、ゆいちゃん、たいちゃんに道案内をお願いして先頭を歩いてもらいました。五十目山公園を通って、ゆいちゃんのおうちのところを通っていきます。途中、木の葉っぱの上にかえるがくっついてねていました。葉っぱと同じような色なので、「どこ？」とすぐには見つけられない子もいました。

　　さてさて、空港の公園に着くと、暑いのでみんなは木陰で一休み。するとトラックがやってきて荷台のタンクに水を入れていました。そのホースに穴が開いていて、ぴゅーッと水が出てきます。トラックのおじさんがやさしいおじさんで、その水で遊んでいいよと言ってもらい、みんな大喜び。思う存分水遊びを楽しみました。トラックが去った後は、芝の斜面でコロコロ転がって遊んでいました。上から下に行きたいのに、なぜか横へ横へと転がったり……。不思議です。

　まずは、「今日の活動（どこに行く
か）は、昨日の昼寝の後、太陽ぐみで集
まって『空港！』と決めていました。」の
一文で、昨日の活動の反省を、時間をお
かず太陽組の子どもたち全員で分かちあ
い、翌日の活動を決めたことがわかりま
す。そして、今日の空港までの1時間弱
の歩きのルートも道案内もやはりみんな
で決めています。

　「道案内をお願いして先頭を歩いてもら
いました。」「お願いして」「もらいまし
た。」の敬語からは、大人子どもを問わず、
いっしょに活動する中でのひとりずつへ
の自然な敬意が伝わってきます。ゆっくりとした子どもペースの歩きの中でこ
そ見つかった「葉っぱの上の擬態カエル」。そして、力を尽くして歩いてたど
りついた目的地での木陰のひと休み。ご褒美のように偶然訪れた1台のトラッ
クからの水の贈り物。全身で水と戯れた後に斜面をコロコロ転がることで、子
どもたちの身体が大地に迎え入れられ整えられていく過程が手に取るように伝
わってきます。

　読んでいて、よかったね、いい日だったね、という思いがこみ上げてきます。
そして、こみ上げてきた「よかったね」の気持ちの中をのぞいてみると、子ど
もたちだけでなく、昨日を越えて今日の日をていねいに過ごしたクミちゃんT
にも向けられていることに気づかされます。こんなふうに、保育者と保護者の
絆も、日々の保育の中で手探りで確かめあい、補いあいながら強まっていくの
かもしれません。

　50年前の「こぐま」の活動記録の中にも、園の創始者木村照子先生が同じ場
所で子どもたちといっしょに風に吹かれている写真があります（p.195）。どう
でしょうか？　いつの時代も変わらない、風や草を味方にこころ遊ばせる「こ
ぐま」の子どもたちの姿がそこにあります。

パート３：たいへん！ に立ちあう

　太陽組の子どもたちとの日々も、いよいよ最終コーナーに突入。そんな中で事件が起きたことを綴る日報です。

　いつもより、クミちゃんＴの手書きの文字もくっきりと大きくなっています。

日報	山の園舎 クミちゃんＴ

2007. 2. 15

　まず、はじめにお願いがあります。

　今から、今朝、太陽の山小屋であった事を報告しますが、このことで、家庭で子どもたちを<u>叱らないでください</u>!!

　これから書く事実がみえてきたのは、子どもたちが勇気を出して、自分がやったこと、見たことを正直に話してくれたからです。このことを引き出すのに、とっても時間がかかりました。

　子どもというのは、変なこと（いたずら）をする生き物です。その中で、親と園がいっしょになって叱っていかないといけないのは、

・危険なこと　　・人権を侵すこと　　の２つです。

　今回の落書きは、起こりうることであって、「そのことをやってしまった」ということで怒るのではなく、「何が起こったのか正直に伝えられた」ということを褒めてあげたいです。

　お泊まりでいっしょに過ごして仲間意識が強まり、それが度を越してしまった。という太陽組としての成長の中で起きたこと。この時期に起きてくれたことはクラスとしても、**いっしょに考えていくことで**、また成長でき、良かったと、とらえています。

　このあと日報には、太陽組の山小屋で何が起きたのか、そのいたずらの顛末が綴られています。小屋の壁に貼ってあったＹちゃんの絵に落書きをしたこ

とからはじまり、最後には背中や顔、洋服などにまで落書きがエスカレートしていったことが、時系列に綴られています。子どもたちが順を追ってきちんと保育者に話したのだなとわかる書き方です。最後の部分を抜粋します。

　　　私（クミ）のところに、げんたちゃん、りょうたちゃんが言いに来る。
　　　こっぴどく怒られる。（なので、もう怒らないでくださいね）
　　　部屋の落書きを、ぞうきんでふく。
　　　Ｙちゃんのかばん、ジャンバーを、洗う。→きれいにとれました。
　　　一人ひとりから、話を聞く。

　この日の日報を記すことは、クミちゃんＴにとって、相当な覚悟が必要だったはずです。なるべく冷静に、事実に忠実な記載をと力が入っていたのでしょう。緊迫する事件経過を綴り終え、ラストの一文にたどりついたとたん、すとんと断ち切れたように終わっています。でも、変にオチをつけたり、脚色化したりせずに、書き終わっていることがかえってよかったのではなかろうかと思います。
　こころを静めて客観的に子どもと向きあおう、そして最後までこの事件の立会人の姿勢をつら抜こうとして貫けず、「こっぴどく怒ってしまった」と告白しています。勇気を出して自分たちのいたずらを告白しにきた子どもたちのことを認めたうえで、やっていけないことはやっていけないこと、というけじめのつけ方を指導する様子が「こっぴどく怒る」という、なりふり構わない、ちょっと破綻した表現から伝わってきます。
　こんな人間くさいクミちゃんＴだからこそ、子どもたちも勇気を振り絞って本当のことが言え、こっぴどく叱られても、しっかり信頼して大きくなっていけるのでしょう。
　さて、この日報を読んだ保護者からの連絡帳も残っていました。1つは、当事者である子どもの保護者からの連絡帳の記述。もう1つは、この落書き事件に直接関与はしていなかった同じクラスの子どもの保護者の連絡帳の記述です。まずは当事者の子どもの保護者からの連絡帳から。

| 連絡帳 | お電話ありがとうございました。そして忙しい中洗ってくださってありがとうございました。「ぼくのにはやらんで！」と自己主張できたことは、すごいと思います。ただ、小さい頃からやられてばかり。小学・中学と上がっていく上でどうなるのだろうか……？という不安は正直あります。「こぐま」だから（少人数だし）目が行き届き、話しあいの場をもうけてくれて、みんなで考えて……ということができるから安心できるんですが、（小学校に入って）生徒数が増えると、先生側もそこまでかまってはいられないでしょうし……。「強くなってほしい。自信をつけてほしい」そういう願いもあって、「こぐま」を選んだんですけどね。でも、４月に比べて強くなってきたなとは感じています。早い時期から入園させていれば、もっと強くなっていたのかな？と思う時もあります。 |

　わが子がクラスの子どもたちに落書きされたと知った保護者のショックは、並大抵ではなかったと思います。しかも今回被害にあった子どもは太陽組になってからの入園で、「こぐま」の生活はまだ１年未満でした。みんなと共に大きくたくましくなっていってほしいという保護者の願いが「強く」という言葉で何度も繰り返されます。

　そこには、今回の事件についての感情的な抗議や責任追及はなく、むしろ今後のわが子への不安をそのまま担任に打ち明けています。日ごろから、信頼関係を結ぶその先に、事件の直近の処理だけでなく、保護者として抱くであろう今後への不安も受けとめる必要があるのだと、この連絡帳は教えてくれます。

　次に、事件には直接関与していなかった子どもの保護者からも、この日の日報を読んで事件についての想いが寄せられています。

| 連絡帳 | クラスだより（日報）を読んでまた「反省」。ついつい子どもが悪いことをしでかしてしまうと、「私がちゃんとしつけていなかったから」と……。つまり、親の責任と思ってしまうんですね。うちの子がのうさぎ組の頃、園であったことを聞いて私が叱り、ばあちゃんまでが「いけんよー」と言うという話で、当時の担任の先生から「家に帰ってまで叱られたらかわいそうです」と言われた事を思い出しました。確かに子どもも自分の失敗を |

何度もほじくり返されて叱られては、たまりません。「よくぞ話してくれた」と思わなくては。なかなか子どもとふたりきりになる時間が少ない中、これから「叱られるから黙っておこう」と思い始める前に、自分を変えなくてはと思います。ついつい悪びれた様子がないので「ちゃんとわかってるの⁉」と不安になってしまうのですが、照れ隠しだと思って、認めてやりたいですね。

クラスの中で起きた事件を〈自分の子は関係なくてよかった〉でなく、まっすぐ〈自分事〉としてとらえる保護者の姿勢が印象的です。担任に宛てて、こんなふうに子育てをしていきたいですよねと、〈育ての同志〉のようなこころ持ちで語りかけています。

こんなふうに迷いながらつまずきながら、その迷いやつまずきをなかったものにせず、きちんと積み重ねて保育を前に進めていくあり方が、「こぐま」の信頼を紡いできたことがわかる記録でした。

パート４：子どもたちの仲間づくりを確信する

最後に紹介するのは、クミちゃんTが１年間の太陽組担任終了直前に綴った日報です。パート１と同じように友達が友達を迎えに行くエピソードを記録しています。

こちらは２歳児クラスの、のうさぎ組といっしょに、中央広場へ散歩に行った様子を記しています。その帰り道での出来事です。

日報の最後の部分をのぞいてみましょう。

日報	山の園舎 クミちゃんT

2007. 3. 13

中央広場からの帰り道。寄り道をしていたげんちゃん、りょうちゃ

ん、そらちゃん、ひろむちゃん、ゆうすけちゃん。すると林の中で
ひろむちゃんの泣き声が。先に戻っていた、げんたちゃん、そらちゃ
ん、りょうたちゃんが、「ひろむが木でこけて泣きよる。」と言って
そのまま他の子のところへ。ゆうすけちゃんが、ひろむちゃんのそ
ばについてくれているようでしたが、まだ泣いているひろむちゃん。
すると、まさちゃんが「おれが迎えに行っちゃるけえ!!」と林の中
へ入っていきました。続いてともちゃんも「大丈夫～?」と林の中へ。
たくろうちゃん、道の上から「ひろむー、だいじょうぶー?」と心
配そう。そして、まさちゃんが「ひろぴー、クミちゃんのところ行っ
てみせといで。」と優しく誘導してつれてきてくれました。まだま
だ人間関係や仲間意識の弱く未熟なところもある一方で、ポッとや
さしさの芽生えてきているところ、いろんなことを感じた今日の出
来事でした。

　１年を共にした太陽組の子どもたちの仲間意識を確かめることのできるエピ
ソードです。
　子どもたちが誰に言われるでもなく自然に仲間をいたわり手を貸すことをい
とわない姿が、リアルな会話文で記録されています。特にたくろうちゃんの声
かけを「道の上から」とその心配げな姿まで見えるように記録していることは
クミちゃんＴの目配りの確かさを感じます。まさちゃんの、自分の手柄にする
のでなくひろむちゃん自身で事の顛末をクミちゃんＴに報告するよう誘ってい
る記述では、子どもたちがおそらく日々の大人の子どもに対する向きあい方か
ら「自分で責任をもつ姿勢を学んできている」のだろうと推察されます。
　彼らの成長を垣間見た実感を「ポッとやさしさの芽生えてきているところ」
と記述しているところも、こころを動かされます。頭で整理するのでなく、子
どもたちと共に生きようとしている保育者自身の身体感覚を通した受けとめが
できています。

保育者と保護者をつなぐ日報・連絡帳

　最近は、保護者宛ての連絡帳の書き方のコツとして、わが子の発達と成長の様子がわかるような日々の足跡を端的にわかりやすく具体的に知らせる、ということが専門家から保育者に向けてアドバイスされています。保護者が不安に思うようなこと、園の運営にマイナスイメージがもたれる可能性があるようなことは決して書かない、というようなことが強調され、そのための「使ってはいけないワード集＋表現置き換えリスト」が掲載された保育記録ガイドブックまであります。

　でも、「こぐま」の保育者のどの記録を読んでも、「この子の今日よかったこと」でなく、「このクラスの中で、みんながどう育ちあっているか。みんなで大きくなっていく、そのみんなの中にまぎれもないあなたの子どもがいる」ということが、それぞれの保育者の個性の中で懸命に伝えられています。その「みんな」の中に、知らず保育者自身も入っていることが、とりわけ大事です。「園児＋保育者」でなく、「『こぐま』のみんな」である日々のくらし、それが、保護者への日報や月報の中でも手渡されていることがわかりました。

　この新人クミちゃんＴと１年間を共に過ごした子どもたちの中で、現在学校の先生をめざしている子が３人、保育士になった子が１人いるんだそうです。クミちゃんＴが、うれしそうに話してくれました。

クミちゃんＴが担任した子どもが小学校５年生の時に描いたこぐま保育園

熱中先生の４年間の軌跡

　　ここでは、ひとりの保育者が「こぐま」の保育者になりたて時代から４年を経て、どう変わったのか、月報・日報から、保育者自身の成長の足跡をたどります。

　　この記録を書いたオサちゃん（先生、以下Ｔ）は、次のように語っています。

　「わたしは、『こぐま』に就職するまで、保育職についたことはなく、理系の全く職種の異なる仕事をしていました。だから、最初のうちは、保育がどういうものなのかもわからず、どこまでも子どもの考えを尊重する『こぐま』の園の方針に、ついていくのが精いっぱい。ただただ夢中でした。最初の数年は自分でも何が何だかわからないような状態で、とにかく必死にがんばった記憶があります。

　　それが５年くらい経ってからかなぁ、すこーしずつですが、自分の内側の何かが変わってきはじめたように思うんです。周囲からも、保護者の方からも『オサちゃん、変わったねぇ』と言われるようになりました。本当のことを言えば、何がどう変わったのかは、自分ではよくわからないんですけど……」

　　オサちゃんＴの2008年６月の月報と日報、４年経った2012年６月の月報と７月の日報（残念ながら６月の日報は見つかりませんでした）を較べてみます。

月報　2008年6月　　　山の園舎 うちゅう　オサちゃんT

山の緑もますます深まり、(生い茂り?)
お散歩の気持ちいい季節。野いちごを
見つけながら ゆっくり歩くのも楽し。

ハナちゃんも一緒に お散歩
散歩ひもは 順番で交代しています。

（宇宙だに なれる?!）

絵の時間 5/23

ぐみ わらくんの お母さんが、絵を楽し
む時間を作って下さいました。今回のテーマは
「木を描く」　●まず 自分のかきたい木を見つける
●木にあいさつ。木とお友達になる
●よく見て、さわって。
●そして クレヨンでスケッチ。

山の中へ大きな画版を持って、自分の気にいる木
を探しに行くところから、ワクワクしているのが
わかります。木の下に座って、集中している時間の
気持ちの良いこと!! 絵を描くって喜びなん
ですね。1本描いて、「もっとかきたい」と何本
も木をかきこむ。木を見ながら、虫や空の
様子もかきこむ。どの子も自由に、自分の
表現を楽しんでいました。
●スケッチの後は下のテーブルで 絵の具,少し
づつ色をまぜあわせて、自分なりの色を作って
いました。わらくんのお母さんが
「どこで止めるかが 難しいのよね。」と言われて
いたのを聞いていたか? 後日 自分の絵を見なが
ら、③「ここ 少しぬりすぎちゃったんだよね〜」
と、自分の絵を振りかえる姿も。次につながり
ますね。

宇宙組美術館　開催中です。
会場は宇宙組 山小屋です。

クルミのシャンプー 5/16

クルミちゃんを鉄棒にしば
りつけ、水まき用のホースをひっぱっ
てきて、シャンプー、犬猫用のシャンプー
で洗うんですが、泡はなかなかたちません。
(数ヶ月分の汚れ?) クルミちゃんは おとなしく
シャワーも気持ち いいみたい。女の子全員は
お世話好き? ゴシゴシと クルミの毛をもんで
きれいにしてくれました。

おたんじょうび おめでとう
6月27日生
（さき ちゃん）

手に握れないほど
お花をつんで、きれいな花束
を作りながらお散歩。歌に踊りに
友達と創作しながら笑う姿が
とっても素敵です

宇宙の火田だより

5/2 ・かぼちゃの種が芽を出しました。
・はっか大根も芽を出しました。

5/7 ・山から ふよう土運び
ふかふかの土を山から探して畑へ
運びました。「もう ◯回も運んだよ〜」
とほこらしげ。

5/8 ・かぼちゃの苗を植えました。
・まいたけ菌床を埋めました。
ひろくんの家からいただいた菌床を
しいたけの隣の山の傾面に埋めまし
た。菌だけあって、「きもちわるい〜」
と感じる子も。きもちわるかったり
きたなかったり、きつかったり、生きると
そういうことと つながっているんですね。

5/16 ・にんじん、ビートの種まき
ビートの種をりゅうすけくんの家でいただきました。
無事に芽が出てくれますように!

5/26 ・はっか大根の収穫。
山の固い土の割れめから
すくすくと育ったはっか大根。
自分の小さな火田から
取って食べると からくても おいしい♡

6月は…さつまいもの土作り菌植え。

植えるだけじゃなくて お世話も楽し
ぐみ ななかちゃんのおじいちゃん達と
一緒に、教えてもらって植えたお花。お水
をあげるのも楽しい仕事。③オサちゃん、お水
あげた〜? ⑰「そうね…今日は、後から雨
が降りそうだから、もうあげなくていいね〜」
別の日③「今日は からからだから」 いっぱい
…あげようね。
山の上の火田には、「しょうぼうしになってて〜」
と、いつの間にか 上半身裸で、水をホースで
火田に(?)かけあっています。

5月は他にも 素晴しの時間、米米分、ポン作り
梅ジュース作り お白り と、もう書ききれません。
（ごめん なさい。）

2008. 6. 6

　　昨日はりえ先生と梅光学院大学のお兄ちゃんお姉ちゃん、20人弱が遊びに来てくれました。宇宙組では特別!!　午前中はうちゅう・たいよう・やま・のうさぎまで4クラスがいっしょに、お話しと絵描き歌遊びのパネルシアター、お昼ごはんまではお山でいっしょに遊び、燃える木をいっしょに探してきたり（パン焼き窯用です）、お山を一回り「ここで遊ぶんよ！」と自慢げな顔。お昼ご飯の後は、工作遊び、新聞紙を切ってつなげて、クモの巣。そして、それをビリビリ〜に破いてお人形を作るというお片付け？とっても楽しんでいました。

　　その後、りえ先生のリクエストで、「スーホーの白い馬」の踊りを大学生といっしょに。いつもよりお昼寝が短くなってしまい、横になっただけでした。夕方、かいじゅうになりましたか？

　　今日はくるみのえさとりへ。土日と職員全員が留守になるので、土日分のえさがいります。くずの葉を近所まで取りに行きました。土手や木にからまっているくずを見つけて、（絵本）『とんぼのうんどうかい』のように、「オーエス　オーエス」と声をかけながら、いっぱい力を出して、ひっぱる。どすん、と尻もちをついて、「とれたぁ〜」と笑顔。だんだん調子に乗ってきて、りゅうすけちゃん、たかしちゃん、あきとちゃんと、この3人がとくにがんばっていました。

　　帰りはブルーシートに大盛り。宇宙全員で運ぶんですが……。ふざけたり、手伝わなかったり……なかなか進みませーん。

月報　2012年6月　　　　　　山の園舎 オサちゃんT

7日 子羊の名前どうしよう？
宇宙が決めたんよ』って産まれる前から楽しみにしていた子から、「どうでもいい」って子まで様々な中で話し合いは始まる。

8日 それぞれどんな名前がいいかグループに分かれて言い合う。『夕焼け』夕焼けの時に生まれたから、『ほし』『つき』好きだから。『すみれ』ちょうど咲いてる。いろんな名前が出ましたがなんだかお山の羊って感じがしません。

9日 オサが「お山にある自然のものの名前で1つ決めてください」と提案して今日もグループで相談し、『カキ』『クリ』『マツボックリ』をグループが決めた。そこからみんなで一つに決める話し合い。○○グループがこっちにいるから「マツボックリにする」「やっぱりカキにする」と名前について考えるというより、好きな者同士で呼び合って集まって遊んでいる。この日は『マツボックリ』多数で『カキ』がいいと美穂ちゃんが一人で主張し続ける。

10日 朝、「美穂もマツボックリがいいって」全員が同じ意見と言う子ども達。「陽太くんが休んだけれどどうしよう？」宇宙のみんなで決めるので陽太くんがいなければ決められないとみんな思った。それでも早く決めてしまいたい子は「電話をして聞けばいい！」と主張。「電話でみんなで話し合えるかね？」となげかけるとそれについて言い合い、子どもたちで陽太くんを待つことに決めた。

11日 陽太くんが登園してもう一度。すると「やっぱりマツボックリいやだ」とじゅんな君。じゅんな君は「呼びにくいからカキがいい」と理由もいい、マツボックリ派が多数決を主催しなかなか決まらない。その時あゆみちゃんがぽつりと「いつもじゅんなくんの言うことばっかり聞きたくない」と以前散歩の行き先が急に変更になった時のことをみんなの中で言った。思いかえしたじゅん君とみんなが向き合ってやっと『マツボックリ』に決まった。

今までもいろんな場面で話し合いは続けてきましたが、自分の意見を言うだけでなかなか議論が深まらない。子どもたちの「名前を決めたい」「子羊がかわいい」って欲求をどれだけ温めてきたかな。自分の意見を仲間の中でしっかり伝えること相手の意見を考えることも保障できてきたかな。自分たちのこととして話し合える話題を選んでいたかな。みんなで考えてみんなで決める集団に成長していきたい。

子どもたちとガレキの試験焼却について話し合いました。原子力のこと、放射能のことを伝えました。放射能って見えないから怖い。恐い思いが多く伝わってきて、「恐くて外で遊べん」「ここにいてもいいの？」とロ々に言ってきました。この日は午後から試験焼却があったので、「大丈夫と思うけれど心配だから、宇宙組はお昼からはお部屋の中で過ごします。」と言うと、「じゃあ、クルミとスモモはどうするの？」「クルミとスモモは羊だし、まあ外でもいいかと思うんだけれど」と答えると「ダメダメ！」「お部屋の中へ入れてあげようよ」と子ども達。「でもエサ探ってこんといけんよ、どうする？」と聞くと、「行く、行く！」「それで小屋の中へ入れておく！」とロ々に言います。子どもたちが羊たちのことを心配して考えていてくれたのはうれしかった。原子力発電のこと、福島のこと、それを子どもたちにどうやって伝えていったらいいのか、悩んでいるばかりで答えが見つけ出せなくとにかく困っています。みんなで話し合ったり、いろいろな情報を伝えあったりして賢くなっていきたいです。この問題を通して、自分で考え自分で行動する子どもに育てたい、それを安心して出せる大人社会が必要だと強く思いました。

✉️ お返事下さい✉️
スモモがお世話になった田布施農工高校のお兄さん、お姉さんに赤ちゃんが生まれたお礼の絵の手紙を書きました。赤ちゃん羊にしっぽが付いていること、断尾リングをつけた事、いつも小屋入りをしていて大変なこと、クルミとスモモのお家など伝えたいことを絵にしました。「最後に『おへんじください』って書いてね」とじゅんな君。みんなで返事楽しみにしています。

母の日
①糸を針に通すことは、ぴゅんぴゅんゴマ作りの時と同じ要領で次々に成功。②玉結びの親指と人差し指でねじっていくのが難しい。これができないと縫い始められない。コツをつかむまで何回も挑戦しました。③好きな色の糸で布巾の縁を縫います。最初は自分の好きな色を使っていましたが、「お母さんはピンクが好きだから」と色を選んだり、模様にしたりしました。

これはのみのぴこ
幼年版 ファーブル昆虫記

6月は☂
♪畑作り　♪田んぼで遊ぼう
♪メリとった羊の毛を洗おう

日報　　　　　　　　　　山の園舎 うちゅう オサちゃんT

2012. 7. 21

「どうする？運動会」と聞くと「リレー」「鉄馬」と答える子どもたち。
その中で
あゆみちゃん「リレーしたくない」という。ざわついているみんなは、その意見に気がついていない。
オサ「ちょっとみんな、聞いてあげてん。あゆみちゃん、いいたいことがあるらしいよ」

一応静まるみんな。

あゆみちゃん「リレーしたくない」

みんな「えー」「なんでー」「リレーしようや」ザワザワ。

あゆみちゃん、目の周りを赤くして「だって去年あゆみリレーで負けたもん」

オサ「あゆみちゃん、目、涙出てる。なんでかな〜」「あゆみちゃんは真剣だから負けることがくやしいんだよね。そんなに一生懸命やれるのってステキだよね！」

ゆうすけちゃん　みつねちゃん「だいじょうぶ。一生懸命走ればいいんよ」

こはるちゃん「ちからいっぱいすればいいんよ」

　これに続いて、よくしゃべる子たちが口々に励ます。静かに聞いている子たちもいる。

あゆみちゃん「でも、あゆみ走るのおそいもん」

みつねちゃん「だいじょうぶ、仲間と協力するんよ〜」

　またこれ、ほぼ全員が「全力で走ったらそれでいい」「負けても一生懸命がかっこいいんよ」「力いっぱいやったら」「みんなでやったら」……ざわざわ。

　じゅんなちゃんが、あっと目を輝かせ間をおく。注目するみんな。

じゅんなちゃん「そしたらさぁ〜。みんなが力を合わせたらさぁ〜**きせきがおこるよぉ〜**」

（この話しあいがそうまとまったことが、キセキです。）

　リレー、子どもたち、楽しみたいんだ。去年のデタラメさとはびっくりするほどの成長。積み重ねている子どもたちを去年、今年と見させてもらって、オサは幸せです。

日報・月報に見る保育者の成長
〈月報から〉

　4年を隔てた2つの月報を読み較べると、どちらからもていねいにこころを込めて1か月間の子どもたちの様子を書きとめようとするオサちゃんTの努力が伝わってきます。手書きとワープロ打ちの文字の印象の違いもありますが、2008年度版の方がより〈先生がんばってるぞ〉感が強い印象をもちます。例えば5月に行われた絵の時間の記述には、活動のテーマとねらいが書かれています。そして、山の中でのスケッチの様子が「ワクワクしているのがわかります」「集中している時間の気持ちの良いこと‼」「どの子も自由に自分の表現を楽しんでいました」「自分なりの色を作っていました」と先生から見た子どもの肯定的表現で綴られています。

　「ワクワク」「集中」「自由」「自分なりの」……。どれも誰にもわかりやすくよく用いられる表現です。また、指導のアドバイスを受けて後日、子どもが自分の絵を見てつぶやいた言葉「ここ少しぬりすぎちゃったんだよね〜」を「次につながりますね」と、肯定的にとらえ、記しています。大人の指導に従い技術を向上させていく姿を「次につながる」と喜んでいる先生の姿が、そのまま浮かび上がってきます。

　一方、4年後の2012年6月の月報を読んでみると、先生の立ち位置や落ち着き具合がすっかり変わっています。「良かったね」の結末に急いでたどりつこうとすることなく子どもたちの姿をじーっと我慢して見守る様子が伝わってきます。紙面の半分を占めているのは、生まれてくる赤ちゃん羊の名前決めの様子です。

　オサちゃんTは、5日間にわたる子どもたちの話しあいの様子を、淡々と綴っています。保育者が話しあいの向きを操作しようとしている気配はありません。「やっと『マツボックリ』に決まった」とオサちゃんTの「やっと」の言葉が、記されるまでのなんと長かったことか。そして、最後に、子どもたちの思いをどれだけ温めることができたか、自分の意見を仲間の中でしっかり伝えることや相手の意見を考えることをできていたか、自分たちのこととして話しあえる話題を選んできたか、と自分の保育を振り返っています。

　「みんなで考えてみんなで決める集団に成長していきたい」の言葉の中には、

オサちゃんＴも「みんな」の一員として入っています。「成長していってもらいたい」でなく、「みんなで成長していきたい」という真に民主的な保育の姿が、力こぶを入れすぎない形で表れています。

さらに、右半分のページに掲載されたトピックス「子どもたちとガレキの試験焼却について話し合いました。」も、異なるトピックスでありながら、左ページで語られてきたこととしっかりつながっています。

大人社会が巻き起こしたさまざまな問題について今「子どもたちにどうやって伝えていったらいいのか、悩んでいるばかりで答えが見つけ出せなくてとにかく困っています。」と大人としての困惑を率直に書きながらも、「みんなで話し合ったり、いろいろな情報を伝えあったりして賢くなっていきたいです。この問題を通して、自分で考えたり行動する子どもに育てたい、それを安心して出せる大人社会が必要だと強く思いました。」と結んでいます。

見つけ出せない答えに向かって、子どもたちといっしょに考え続けるという覚悟。そして本当の意味で「賢くなっていきたい」という学びの欲求。子どもを豊かに育てるためには、大人も変わっていかなければいけないという思い、そのためには子どもに対して大人がわかったふうなことを甘い言葉にくるめて与えていくのではなく、対等にわからなさを分かちあい越えていこうとすることこそ大事なのではないかと、この月報の中でオサちゃんＴは「自分の考え」を堂々と語っています。表面的な見栄えのよさや一般受けするデザインにこだわらない月報の中に、子どもだけでなく先生の人生も語られているのです。

〈日報から〉

日報の記述にも、やはり４年間の変化が表れます。

読んでびっくり。なんと、2008年の日報には筆者が学生たちといっしょに「こぐま」を訪れた記述があるではありませんか。そういえば、そんなことがあったあった！と懐かしくなりました。でも、懐かしがってばかりはいられません。

オサちゃんＴが筆者や学生が計画していったことがらをていねいに記録してくれていたおかげで、当時の取り組みが鮮やかによみがえってきました。確かに、新聞紙をちぎって遊ぶ活動の後には、「その散らばった紙くずを拾い集め

てロボット人形を作ればお片付けと一石二鳥でいいよね」と学生のアイデアに拍手した記憶もあるし、造形の先生のアドバイスをもらい庭の木に新聞紙のクモの巣をはりめぐらせるための設計図を何度もつくり直したりもしたっけ。学生たちも長い時間をかけて準備したんだよなぁ……。

　しかし読んでいくと、私たちの計画というのは、日頃「こぐま」が大事にしている子ども主導の子どもの内から湧き上がる「これやってみたい」ではなく、指導者としての「これで遊ばせてみたい」にすぎなかったことに今さらながらハッとさせられました。「子どもたちが楽しんでくれた」を自分たちの計画の評価として浮かれて持ち帰っていたことが、恥ずかしくてなりません。実は、指導計画の名のもとに子どもを引っ張りまわしていただけなのに。だからでしょう。この日のオサちゃんＴの記録には、宇宙組の子どもたちがそうした計画の中でどう自分を表現していたかが一切触れられていません。新人だったにもかかわらず、この日のオサちゃんＴの目線は、とても鋭い。そのうえ、こうした身勝手な介入により子どもたちのお昼寝の時間が短縮されたことが、ちらりと記されています。反省です。

　さて、翌日の羊のえさとりに出かけるエピソードの方は、子どもたちの活動に、クラスで読んでいた絵本『とんぼのうんどうかい』（偕成社）の中でみんなが力を合わせる姿を重ね「オーエス　オーエス」という掛け声が示されていますが、よく読むと、この掛け声は、子どもの中のイメージが膨らんで自然に発せられたものか、先生がリードした掛け声なのかが判然としません。

　確かめてみると、オサちゃんＴ自身がこの日のことを覚えていて「私だったかも」と言います。その日の「ぴたりとイメージが重なった」クラスのよろこびを保護者に生き生き伝えたいがために、多少「きれいな物語化」の意識がそこにあったのかもしれません。保育者にとって保育記録を書く際に、その日の保育の流れを子どもたちの成長の足跡として保護者によりよく伝えようとする使命感が働くのは無理からぬことです。

　較べての2012年の日報についてです。まず、ひとりずつのこころの動きを目の前で感じ取りながらそれをなるべく正確に保護者に届けたいというまっすぐな思い。それも、「届けなければならない」でなく「届けたい」という子ど

もたちの成長を共有しようとする真剣な思いが、痛いほど伝わってきます。具体的には、「リレーやりたくない」という足の遅い子のちいさなつぶやきをただの個人的なボヤキに終わらせず「みんなの話しあい」へと押し上げていく担任の力は、4年間の成果です。

　でも、です。実を言うと、この日報には、オサちゃんＴが気づいていない「物語化」の危うさが見え隠れしています。

　リレーをやりたくないというひとりの子どもの気持ちの中に入って、みんながその気持ちを共有することを促すために、オサちゃんＴが2つのことを発言しています。

「あゆみちゃん、目、涙出てる。なんでかな〜」
「あゆみちゃんは真剣だから負けることがくやしいんだよね。そんなに一生懸命やれるのってステキだよね！」

　ひとりひとりの子どもの気持ちに保育者が耳とこころを傾け、他の子どもに伝えていく声かけです。こんな声かけをする担任を、保護者も求めているはずです。でも、担任があゆみちゃんの目に溜まった涙に気づくことと、子どもたちがそれに気づくことは違います。負けるのが嫌だというあゆみちゃんの発言を「真剣だから」と理由付けしているのも担任です。その担任の導入がじゅんなちゃんの口をついて出た「みんなが力を合わせたらさぁ〜**きせきがおこるよぉ〜**」という発言に結びついて、オサちゃんＴの中で「これがゴールだ」という物語になっていったのではないでしょうか？

　保育記録を通して浮かび上がってくる「物語」全体を否定しているのではありません。大人の感傷や願いを「結末」に結びつけるような安易な物語は、子どもたち自身が自分の人生をかけて今を生きていること、同じように保育者も自分の人生をかけて子どもといっしょに生きようとしていることから、目がそれてしまう恐れがあると思うのです。

　「感動的な物語としての結末」を急がなければ、リレーという競技の奥に潜むどろりとした重い責任感や妬みや敗北感と子どもたちはもっともっと真正面

10年後、理屈抜きにパワー全開
オサちゃんＴと子ども（１歳児こだぬき組）

から向きあえたかもしれません。

今この時も、紡ぎの糸は切れない

　「保育記録における物語化」の是非を筆者自身も急いでまとめを語る必要は
ないのですよね。この時点から10年、オサちゃんＴは、どんどん進化し続け
ています。2012年の日報の最後にオサちゃんＴがまとめに綴った３行の言葉
「（この話しあいがそうまとまったことが、キセキです。）リレー、子どもたち、
楽しみたいんだ。去年のデタラメさとはびっくりするほどの成長。積み重ねて
いる子どもたちを去年、今年と見させてもらって、オサは幸せです。」という
立派な結末を今ならきっと先生は「わー、エラそうに」と笑いとばしてしまう
に違いありませんから。

保育者も成長する保育記録を

保育現場の疲弊と苦悩

　最近大変ショックな現場の声に遭遇した。「幼稚園教育要領や保育所保育指針が新しくなって、それまでよりもなおのこと子どもの自発性を重んじる保育をするようにと行政や上司からの指導があるんですが、実際の保育場面でひとりひとりの子どもの自由に任せていたら、いつまでたっても子どもは自分勝手にやりたいことしかしないし、園やクラス全体のまとまりがなくて困り果ててます」「気になる子を引き受けるのは、ついてないなあ、できれば欠席してほしいなあ、なんて願ってしまう日があるんです」。

　いずれの保育者も、こんなふうな思考回路になってしまう自分が嫌で、なんとかしてこの状況から脱出したいのに、光が見えずに苦悩している。

　この背景には、保育者による虐待事件、子どもの死亡事故などが相次ぎ、世間の目が「不適切保育」に注がれるゆえ、客観性と過度な同調性に向かう評価とその裏付けとなる「記録」が求められるようになってきていることがあるのではないか。必然的にのびやかでしなやかな保育実践はしにくくなる。

どんどん大きくなる保育現場の負担

　保育現場の負担を大きくしている具体的な中身を列挙すると、

① 　なにしろ業務が多い。具体的には平常保育、延長保育、預かり保育、一時保育、など。また 2026年度からは「こども誰でも通園制度」の本格実施もはじまろうとしている。加えて、保育実践以外の事務、記録、会議、園内外の研修、行事の多さ、保護者や地域住民対応、慣れない ICT活用など、枚挙に暇がない。むしろどんどん増えていく感じがする。

② 　幼稚園教育要領、保育所保育指針、幼保連携型認定こども園教育・保育要領が改訂、改定（平成30年）され、育みたい３つの資質・能力（=知識及び技能の基礎・思考力、判断力、表現力等の基礎・学びに向かう力、人間性等）と、幼児期の終わりまでに育ってほしい 10 の姿（ア 健康な心と体、イ 自立心、ウ 協同性、エ 道徳性・規範意識の芽生え、オ 社会生活との関わり、

カ　思考力の芽生え、キ　自然との関わり・生命尊重、ク　数量や図形、標識や文字などへの関心・感覚、ケ　言葉による伝え合い、コ　豊かな感性と表現）が、到達目標として提示されているという誤解が保育現場に生じている。汐見（2017）は、「育みたい資質・能力」「幼児期の終わりまでに育ってほしい姿」は、到達目標ではなく方向目標であると述べている。

③　子どもの実態、保護者の実態と、保育者の配置人数があっていない。今後、保育士の配置基準が見直される方向でスケジュールが進んでいるものの、最低限求められる子どもの生命を守るという事故防止の観点からも、常時人手不足のため子どもを監視して、「いうことを聞かせる保育」になりがちな実際の保育現場の状況に直面せざるを得ない。

　一方で地域によっては少子化により就学前人口が減少して保育需要が縮小し、保育施設の定員割れも起きており、こうした問題は、もはや各園や個人の工夫・努力だけで解決するのは不可能だと指摘されている。

　このようなさまざまな課題があるからこそ、保育記録を保育者の成長に前向きに生かしていくためにどうしたらよいだろうか。

めざすゴールは子どもの笑顔？

　未来の保育者をめざす多くの学生たちが愚痴や弱音を吐きながらも何とか実習期間を乗り切ると、めざすべきゴールは「子どもを笑顔にする保育」「子どもや保護者に寄り添う保育」だと、口にする。その屈託のない発言を前に、気持ちが沈んでいく。子どもたちに「させる」日々を重ね「笑顔」を求める保育の日々は、大人も子どもも、さぞしんどかろう。結局のところ、現場の深刻な苦悩の打開策は、こうした「笑顔にさせる」ためにがんばる保育者の努力でしかないのか？　それは、悲しいかな「柔らかな管理」「いたしかたない管理」の域を出ず、管理のことならお任せください、とでも言わんばかりのさまざまなメディアのお助け戦略に飲み込まれてしまう。これでは、堂々巡りだ。

　なぜ、子どもたちは笑顔でいなければならないのか。なぜ、しなやかな子ども時間を大人の指導によって包囲し大人が評価しなければいけないのか……こんなことを言うと真面目な学生たちに「何言ってるんですか。指導しないんじゃ、保育者なんていらないじゃないですか。わかった！先生が言いたいのは、

すぐに手出しせずに、子どもたちの自発性を促すよう『じっと我慢して待ちなさい』ってことですね。」と言い返されてしまう。

「いや、ちょっと待って。『待つ』っていうことは、結局自分が手を出す最適なタイミングを推しはかっているってことでしょ。最適のものさしは、保育者側にある。大人のものさしを捨てれば、子どもひとりひとり、どの子であろうとみんな、いのちは伸びるんだ。だから、あるがままのいのちそのままに子どもの人生に立ちあうってことが保育のすべてじゃないのかな。」とこちらも熱をおびてくる。

「子どもの人生に立ちあう？　それどういうことですか？　人生って、おぎゃあと生まれて死ぬまでをどう生きたか、ながーい時間の中で後からまとめていう言葉でしょ？」

筆者は、やおら一冊の本を取り出す。子どもにかかわるあゆみを始めてから大切にしてきた言葉がある。

――保育者は、子どもが成長するのを助け、自分も人間の生涯の完成に向かって成長をつづける――
（津守，1997）

大人も子どもも関係なく、保育の場は、ひとりずつが、自分の生涯の完成に向かって成長を続けていく現場。その一瞬一瞬の積み重ねこそが人生なのである。だから、保育者は、子どもたちひとりずつの人生に立ちあい、自分の人生にも立ちあっているのだ。

文献

朝日新聞DIGITAL「待機児童は減っても『保育の質』の議論は横に……　汐見稔幸さんの指摘」朝日新聞社，2022. 10. 7.（2023年6月28日閲覧）

かこ　さとし／作・絵『とんぼのうんどうかい』偕成社，1972

河邉貴子・田代幸代編著『目指せ，保育記録の達人！』フレーベル館，2016，p.8.

森上史朗「保育実践記録の基盤を考える」『発達』第64号，ミネルヴァ書房，1995，pp.1-6.

内閣官房「こども未来戦略方針の具体化に向けた検討について」2023.

汐見稔幸『さあ，子どもたちの「未来」を話しませんか』小学館，2017.

津守真『保育者の地平』ミネルヴァ書房，1997，p.279.

第 3 章

人間の根っこが
のびていく

全面発達の視点から子どもの成長をとらえる

　本章では、こぐま保育園（以下、「こぐま」）が開園当初から50年間一貫してめざしてきた「全面発達」のとらえ方を中心に据えて、「こぐま」での実践の足跡を写真と日報でたどる。

　子ども自らが築いていく人間の土台の部分は、どのようなものであるか？「こぐま」の日常の保育場面で、どのように生きる根が張りめぐらされて土台ができていくのか？　子どもの「発達」を、身体面、言語面、認知面などのある一面のみを切り取って測りとらえるのではなく、子どもの姿全体をとらえて「全面発達」として考えることは、倉橋惣三以来、子どもは常に渾然としており各面を切り離すことのできない全一性のものという、日本の保育の中で大切にされてきた考え方の1つである（榎沢, 2018）。

　また、本章では、時を置き、当事者である保育者が自身の記録を振り返り語った言葉も、重要な分析の手掛かりとしている。保育者が直感的に「この瞬間が大事だ」とシャッターを押した場面と、シャッターを押した瞬間を含めた子どもと保育者の日常がどう言語化されたかを重ねあわせることで、ひとりずつの子どもにとって、また保育者にとって、その時はどういう意味をもっていたかを相対的にとらえ直すことができると考えたからだ。時を経て振り返ることで、「幼稚園教育要領」「保育所保育指針」「幼保連携型認定こども園教育・保育要領」に掲げられている「育ってほしい3つの資質・能力」「10の姿」の文言に収まりきらない人間の根っこにあたる部分と、人がもつ無限の可能性を改めて感じとることができる。

　本章に映し出される子どもたちの姿は、まさしく「保育という、生きた人間同士の触れあいにおいては、おのずから感じ、そこから行為する人間の体験の世界をぬきにして考えることはできない。発達は生きた感動をもった体験の世界のできごとである」（津守他, 1974）。

「こぐま」のめざす子どもの姿

○丈夫な身体の子

○豊かな感情を持った子

○自分で考え行動する子

○友だちを大切にする子

「こぐま」の保育のこだわり

- 子どもたちひとりひとりが「園の主人公」と実感できる保育を目指します。
- 自分達の生活を自分達で作ることを大切にしています。
- 豊かな遊び、体験を通して、不思議やあこがれの心をいっぱい育てる保育を目指します。
- 自然の中でのびのびと遊びしなやかな心とからだを育みます。
- テレビ・ビデオは一切使用しません。

特定非営利活動法人みらい広場 こぐま保育園HP https://www.ne.jp/asahi/yama/koguma/
（2024年1月10日閲覧）より

見つけた！ カエル!!

日報	山の園舎 	マキちゃんT

2020. 5. 19

　久しぶりのお天気ですねー。たくさんお散歩したいなぁ…と思っているのですが、どうやら山の奥の方は、いのししが目撃されているらしく、しばらくはいけないかも…。ということで、今日はのうさぎ組もいっしょにバスに乗って江汐公園へ。しばらく動かしていないバス。なかなかエンジンがかからず、かおりちゃんが「ねぇねぇ、みんなで"起きろー"って言おうや」と声を掛け、みんなで「起きろー!!」と言うと、バスが起きました、起きました。ちょっとしたことだけど、皆で共有できる楽しいことがあると気持ちも盛り上がります。　　〜中略〜

　川に到着すると、早速川遊び。みつきちゃん、あつゆきちゃん、うたちゃん、こうたちゃんが、カエルをつかまえるのに上流に行ったり下流に行ったりと夢中。その後を必死に追いかけていくしゅりちゃん。しゅりちゃんのふくれた手の中を見ると、動かなくなったカエル。上流では、れおちゃん、ゆいはちゃん、はるとちゃん、みことちゃんが、川に入って探しています。すると、りゅうごちゃんとたいこうちゃんが、「つかまえた!!」と言ってカエルがつぶれないようにそっと持ってきてくれました。かおりちゃんとさなかちゃんは足もしっぽもあるカエルなりかけを見つけてきて、得意気。ゆえちゃんは「カエル苦手だからー!!」と言いながら下流から上流に岩場をこえて歩くのを楽しんでいます。かえでちゃん、こたろうちゃん、りくちゃんは、「見つけた!!」と言う大きい子たちのところを行ったり来たりして、忙しそう。上流から下流へ一歩ずつゆっくり見てまわるのは、はくちゃん。だけど、いざ見つけると、つかまえようとはせずに立ち止まる。

　ちょっぴり疲れて座りこんでいたたくみちゃんも、みんなが「カエルー!!」と大騒ぎするのを聞いて川の中へ。そのうちびしゃびしゃ

になって、半分泳ぎ？になってしまったのは、ひかるこちゃん、ゆかちゃん、しゅりちゃん、はるとちゃん。山組は水浴びの方が楽しい。そこに合流するこたろうちゃん、りくちゃん。

　帰りのバスの中でのうさぎ組の子どもに聞かれ、「みっちゃん達、カエルでもりだくさんやった‼」とみつきちゃん。そう言える時間、素敵です。

平らかな友達関係：写真記録から子どもの成長を読み取る

　思い思いの行動がダイナミックに展開されたこの日の活動。写真にはカエルを捕まえた３歳児が４歳児３人にそのカエルを見せている姿がとらえられています。３歳児１人が岩の上、４歳児３人は岩の下という年齢の上下を逆転させたこの構図の奥に、捕獲者の３歳児とその獲物を見る４歳児の普段どおりの「こぐま」の平らかな人間関係・友達関係がそのまま表れています。カエルについてよりよく知りたいという気持ちを深めるゆったりした時間や空間があり、異年齢保育において〈ケアされる〉立場とされがちな年下の子どもが、対等な主体者として存在しています。

　ただ「つかまえた‼」だけでなく、カエルの見つけ方、持ち方、捕まえ方など、それぞれの子どもの流儀があるわけで、その〈それぞれ感〉が仲間との分かちあいとして違和感なく表現されている１枚です。

　マキちゃんＴに、このときの様子を聞いてみると、「この公園にものすごくカエルがいて、川の上流から『（カエルが）おったよー』と子どもが大きな声で言うと、下流にいた子どもたちがダダダってあがっていくその姿を見るだけで、こっちまでわくわくしたことを思い出します。小さな狩猟民族って感じですよね。獲物をみんなで分かちあっている」と、当時の状況をより深いまなざしで振り返っていました。

　また、岩場の高さは心配ではないか尋ねると、「子どもたちはいつもここを通っていて慣れているので大丈夫です」という力強い答えが返ってきました。体幹が鍛えられている「こぐま」の子どもらしく、岩の上でも体の軸が安定していて、足の裏もしっかり岩肌に吸い付いていて、危なっかしさがありません。

異年齢保育の中で育ちあう：日報から保育者と子どもの関係や成長を読み解く

　久しぶりの好天に恵まれたうれしさを保護者に語りかけずにはいられない保育者の気持ちの高揚から、日報の文章ははじまります。前半部分、園舎出発のエピソードでは、エンジンのかからないバスに「起きろー‼」と声を掛ける子どもたちの発想に、保育者自身が励まされ、「困ったぞ」と思っていたこころの立て直しが起こったようです。それが、結果を綴る「起きました、起きました」のユーモアにつながっています。

　３歳児から５歳児まで異年齢の子どもがいっしょにカエルを見つけることを中心にして、川辺で生き生きと活動する様子の描写はとても具体的です。「ふくれた手の中を見ると」「つぶれないようにそっと持ってきて」「足もしっぽもあるカエルなりかけ」というような細やかな観察表現、「カエル苦手だからー」と言いながら岩場をこえて歩くのを楽しんでいるゆえちゃんの姿、「上流から下流へ一歩ずつゆっくり見てまわる」「いざ見つけると、つかまえようとはせずに立ち止まる」はくちゃんの姿、描写に時間の経過を含んだ流れがあり、臨場感が伝わってきます。

　「こぐま」が大切にしている〈めざす子どもの姿　○自分で考えて行動する子〉〈保育のこだわり　●豊かな遊び体験を通して、不思議やあこがれのこころを育てる、●自然の中でのびのびと遊びしなやかな心とからだを育む〉の理念の具現化と考えられます。

　帰りのバスの中で、のうさぎ組に聞かれ、「みっちゃん達（宇宙組）、カエルでもりだくさんやった‼」と子ども同士が言葉で伝えあっている姿にもこころが揺さぶられます。品数をずらりと並べることを「盛沢山」ととらえている大人と異なり、こころに湧き立つ出来事の多さと発見の数々をして、幼い子どもが「もりだくさん」と表現する生活体験の豊かさ。そして、それをきちんと感じ取り日報に記すことのできる豊かさ。

　この短い文面に、担当クラスの枠をこえて、なんと、当日川に出かけた子どもの名前全員が、すべて書かれていることにも注目です。異年齢保育というのは、何もクラス編成のかたちだけを指すのではなく、発達のはやい子も遅い子もすべてがつながりあってひとりずつ伸びていくのだと、担当クラス関係なしに保育者が理解し、受け入れる保育の姿のことを指すのだと思います。

泥ファッション

背景

　「こぐま」が毎年夏に通っていた市営プールが、老朽化により閉じられた。さてどうしようか、と保育者が子どもたちに問いかけたところ、自分たちでプールを作る！ということになった。やる気満々の子どもたち。プール作りに必要なスコップを買いに行ったり、園内の泥沼の底に沈んだ大きな木を引っ張って取り出したり、池から出現した大きなカエルを網で地引網のようにして捕まえたり……。

日報	山の園舎 マキちゃんT

2020. 6. 10

　　池（＝沼地の場所を指す）の端に杭を打ち込み、板をはって大きなブルーシートを敷きました。その上に、今日はためしに水を入れていきます。作日買ってきたホースをほどく男の子達。10メートルのホース3本。それを接続する栓が2個。3本のホースをほどいてぐいぐい持っていきます。

　　「そんなにひっぱらんでー‼」「ちがう！それはこっち‼」「ちょっとまって！」「ひっぱったらはいらんやろー」

と、7人がそれぞれ思い描く水の出口。どうやって水を入れることができるのか。思い描くことが違うから大きな声で「ちがう！」とか「こっちきて‼」とか言いあってます。そうやって考えあい交わしあう姿がとても素敵でした。

　　りおちゃんといおなちゃんは最後のくい打ちを手伝ってくれました。

　　そしてためし水をプールへ。シートの滑り台がとても楽しく、遊ぶ、遊ぶ、遊ぶ！「めちゃくちゃ楽しい…」と。よく遊びましたー。

納得の１日をもたらす「労働」：写真記録から子どもの成長を読み取る

　「こぐま」では、〈自分達の生活を自分達で作る〉という意味の「労働」をとても大切にしています。畑作り・クッキング・給食の準備・片付け・雑巾がけなど。ここに写る「プール作り」も、イレギュラーに生じた労働の１つといえるでしょう。

　現在の山の園舎が建つ前の敷地には沼地があって、その底を掘って新たなプールを作ろうと子どもたちが計画を立てたそうです。マキちゃんＴは、「沼地には、サンショウウオも大きなカエルも生息していて、子どもたちは大はしゃぎ。念願叶い、ついにプールが完成したこのときの子どもたちの表情は、まさにプール作りの職人の顔つきですねえ。」と写真を見ながら当時を振り返りました。「でき上がったプールは、ビニールシートに水を張る構造なので、プール遊びが済んだ後の毎日の片付けは、底に泥がたまっていてとっても大変だったんですよ。」と片付けの苦労をも、充実感を伴って思い出していました。

　「あらまあ、こんなに泥んこにしちゃって……」とため息をつくとき、大人が見ているのは、洗わなきゃいけない服や靴。たくましく育つ子どもの身体の方に目を向けてほしいもの。その日の汚れは、その日の「労働」の証である場合もあるのですから。

　ここでの「労働」は、大人から子どもに一方的に強いるものではありません。子どもたちがその一部始終を自分のやるべきこととしてとらえ、試行錯誤しつつ最後まで投げ出さずに自分たちでやり遂げる。その満足感に至るまでの紆余曲折が、子どもたちを育てると考えられているのです。「どうだ！みんなで作ったプールだぞ！」といわんばかりの誇らしく晴れやかな笑顔と太陽を浴びてパリパリに乾いた泥だらけの全身。さっきまでは、ねっとりとした泥の感触に浸るようにして戯れ……失礼、働いて、いたのでしょうね。まさに泥んこ天国の頼もしい住人たち。泥を自在に着こなす子どもたちのファッションセンスに脱帽です。

やり遂げる過程を見守るまなざし：
日報から保育者と子どもの関係や成長を読み解く

　最後の段落の「遊ぶ、遊ぶ、遊ぶ！」には、目の前で繰り広げられる子どもたちのエネルギッシュな遊びの展開に、保育者も目を見張り、こころまで吸われている様子がうかがえます。

　年長５歳児クラス宇宙組の子どもたちが、担任の「どうしようか？」の問いかけを受け、自分たちで自分たちのプールを作るんだ、という意気込みや、20日近い日数をかけて作り上げていくその過程の大変さが、具体的な描写で迫ってきます。５歳児の身長の平均110センチを鑑みると、10メートルのホース３本をプールに水をためるためにつなぐ作業がいかに難しいか、想像に難くありません。

　「どうやって水を入れることができるのか。」この大問題に対しても、マキちゃんTは答えを提供することなく、徹底的に子どもたちが考えを出して失敗を重ねながら最後までやり遂げる過程を大切にし、見守っています。

　「衝突」とか「まとまらない」とか「てんでばらばら」といった大人の側からの評価の言葉を用いることなく「言いあう」「考えあう」「交わしあう」姿だと表現します。そしてその根っこにあるものをそれぞれ「思い描くことが違うから」ととらえているのです。だからこそ、その一部始終を「とても素敵でした」とさらりと表現できるのだと思います。

　子どもたちが自主的に生き生き取り組む活動の中で、こころと身体が互いをみたしあう全面発達が保障されているように思われます。

火よ　風よ

日報		山の園舎  マキちゃんT

2020. 11. 4

　くどで、ご飯とお汁を作りました。1週間に1回くらいはご飯を作っていこうと思っています。前回作った時には、ご飯ひとかまとお汁ひとかまを宇宙組の子どもたちが半分ずつに分かれて作ったのですが、今回は保育園の全員分を作るということで、ご飯とお汁2かまずつ、4つのグループに分かれました。ご飯を炊くのはだいちちゃん、とうきちゃんグループとそうしちゃん、りおちゃんグループ。お汁を作るのはせいちゃん、ゆうたちゃん、ゆうとちゃんグループとあさちゃん、いおなちゃんグループです。

　ご飯グループは計量カップ20杯分を計るところから始めます。お米をこぼさないように洗うのも一苦労。「ひと粒に88の神様がおるんやろう?」と、とうきちゃん。

　ご飯もお汁も重たいくどの釜の下の部分を運んで来て、木をくべます。「小枝からねー。風が通れるように、たくさん入れないでねー。」と言いながら。枝に火がつくまでが大変。なかなか火がつかず…。ヒトちゃん（園の職員）に手伝ってもらいながら、なんとかつきました。

　ご飯グループは必死で頑張って火をつけて、早く炊きあがり。
〜中略〜　お汁グループのせいちゃん、ゆうたちゃん、ゆうとちゃんはなかなか火がつかないけれど調子に乗っておちゃらけてばかり。あさちゃん、いおなちゃんは風がなかなか通らず一苦労でしたが、美味しいお汁とご飯が出来ました。

　＊くど＝かまど。薪や炭を燃料とし、湯などを沸かすために使われている。

2020. 11. 30

　今日はカレーです。出来るだけ口も手も出さずに、どこまでやる

かなーと見守るようにしました。　〜中略〜　火をつけるのは上手になり、しっかりあおぐことが大事ということが分かってきました。せいちゃん、ゆうとちゃん、ゆうたちゃんチームが「いっぱいあおぐんよー」と３人力いっぱい。そのせいか、１番に火がつき大満足。りおちゃん、あさちゃんチームはなかなか火がつかず、最後には終わったチームが手伝ってくれました。

2021. 1. 27

　　久しぶりのくど活動です。りおちゃん、あさちゃんチームは「おいしくなーれ！おいしくなーれ！」ととなえながら慎重にお米を研いでいました。今日は昨日の雨で木が濡れていて火がつきにくい。苦戦しながら火をつけていきますが、なかなかつかず。だいちちゃん、そうしちゃんは太い木ばかりを入れていて何度も「ねぇねぇ、つかん‼」と言いに来ていましたが、ゆうとちゃんが「細い木を入れないと」と教えてくれて「あー‼」と。どうやったら火がつくのか、次に何をするのか、どうしたら美味しく出来るのか、考えながらの活動になっています。

　　今日のお汁はちょっぴりからかったですが、それも経験。これからもくど活動していきます‼

2021. 2. 10

　　火をつけるところはみんなバッチリ。細い木から入れるとか、火は上に向かうから火をつける新聞紙は一番下に置くとか、風が通るように（木を）入れる、とか。体験を通して学んだことがたくさん。お湯が沸いたら野菜を入れるとか、お米の沸騰する音が消えたら火を弱めるとかも、あっわかった！がつながって、どんどん楽しくなってきています。

　　今日はご飯もお汁もバッチリ……でした。

「生きる知恵」を体得する：写真記録から子どもの成長を読み取る

　子どもがペアになって火をおこすことに、真剣に挑戦している写真です。

　「火」は人類が誕生したときから、なくてはならない大切なもの。火とのつきあいを覚えていくことは「生きる知恵」を体得することでもあります。と同時に有用な火には危険もつきもの。炎を見つめる子どもたちのまなざしの真剣さには、その力の源に入り込んでいく一種の恍惚感とおそれがあります。ましてや今回の火との交わりは、「せねばならない」使命感によって逃れることができません。風を呼び込むことで炎を立ち上がらせるという子どもたちの「あおぎ」のしぐさも、それぞれの神聖な儀式のように思えます。

　風をおこすために、段ボールの板であおぐふたりの子ども。目線は釜の下に向いていますが、こころはふたりでぴったり重なっていていっしょに風を送る同志と見て取れます。

　くどの活動は「こぐま」に代々引き継がれている技で、このときも、火のつけ方を保育者が知らせたのではなく、この草はよく燃えるからいい、燃やすためにはあおぐといいなどの知恵が子どもたちの間で引き継がれ、自ずと風をおこすためにあおぐのだと、マキちゃんＴが教えてくれました。

　この年は、保育園の全員分のご飯とお汁を作るために、４つの釜（＝くど）がないと足りなかったそうです。そのため、担任が決めたペアふたり組で活動することにしたとのこと。

　「米の量を計っている途中で友達から話しかけられると、カップ数がわからなくなり、でき上がりが硬すぎたり逆におかゆになってしまったときもありました。おかゆになったときには、宇宙組の担任がみんなに『ごめんなさい』と謝って回りましたね。

　この年度の宇宙組くど活動の締めくくりは、卒園式の日のカレーライスづくり。失敗すると、保育者や親も含めてみんなの食べるものがないので、子どもたちも担当の保育者も、最後のくど活動はいつもにもまして真剣でした」

と、昨日のことのように語ってくれました。

一瞬を見届ける：日報から保育者と子どもの関係や成長を読み解く

　マキちゃんＴからのアドバイスの言葉は、11月4日に火をつけるための「小枝からね―。風が通れるように、たくさん入れないでね。」しか記されていません。その他は四苦八苦する子どもたちの描写だけが綴られていきます。

　とはいうものの、保育者は内心じれったくもあり、ひやひやもしていたのでしょう。最初の11月4日の日報には、子どもたちの奮闘ぶりを描写するのに「なかなか」という副詞が3回。「なんとか」「大変」が1回ずつ。それに「一苦労」が2回も登場します。

　その中にはめ込まれたご飯グループの様子の描写「必死で頑張って」と、お汁グループの様子の描写「調子に乗っておちゃらけてばかり。」が対照的です。「調子に乗って」や「おちゃらけて」は、いつもは冷静なマキちゃんＴにしては珍しい主観の混じった表現です。

　我慢にも限界がやってきそうな生身の姿がちらりと表れた箇所です。読み手にとっては〈よっぽどだったんだな〉と、マキちゃんＴに気持ちがぐっと近づく箇所です。

　その一方で、この日報には「なかなか」うまくいかず「一苦労」で「大変」なことの連続だったけれど、「なんとか」やり遂げるまで、具体的にひとつずつの作業の様子がピックアップされてもいます。「計量カップ20杯分」を子どもたちが計ることや「ひと粒に88の神様がおるんやろう？」というひとりの子どもの言葉を拾い、お米を研ぐ子どもたちが米作りの大変さに思い到るまでの過程を描写しているところなどは、胸に迫るものがあります。

　また、日を追い、くど経験が積まれていくと、その様子を綴るマキちゃんＴの文章表現にも余裕がみられるようになります。

　最初は「枝に火がつくまでが大変。なかなか火がつかず…。」（11．4）だった子どもたちですが、次第に「火をつけるのは上手になり、しっかりあおぐことが大事ということが分かって」（11．30）きて、なかなか火がつかないグループには、友達が「細い木を入れないと」と教えてくれるようになり（1．27）、とうとう「火をつけるところはみんなバッチリ。細い木から入れるとか、火は上に向かうから火をつける新聞紙は一番下に置くとか、風が通るように（木を）入れる」（2．10）テクニックが生まれます。

　この部分は、淡々と綴られた描写の中に、子どもたちの成長をしっかり見届けようとする観察眼が光っています。

　また、11月4日の日報に散見された「なかなか」という表現はそれ以降も2回ほど出てきますが、「一苦労」や「大変」に代わり「力いっぱい」「大満足」「バッチリ」といった表現が目立つようになります。マキちゃんTの、この活動をやって間違いなかったという確信と充実感が、言語表現に表れています。

　「保育所保育指針　保育の方法」では、子どもたちの園での毎日は「子どもが安心感と信頼感をもって」「主体として」「生活や遊びを通して」過ごす日々を整えることが、保育者には求められています。あわせて求められている、集団での活動を通して「個人で行う場合とは違う楽しさや達成感を味わうとともに、思いを伝え合うことの大切さや難しさ、それぞれの多様な個性や考えなどに気が付いていく」集団としての力が育まれていく過程そのものを、この「くど」の活動から見て取れます。

　子どもたちが「くど」の体験をするという試みは、野外活動や自然体験と称していろいろな場所で行われています。それは「我々の日常がどんなに便利であることに慣れてしまっているか」を顧みる機会とすることに留まりがちです。でも、毎週くどでご飯を炊く「こぐま」の子どもたちは、エネルギーとはなにか、その根源と向きあわざるを得なくなります。

　スイッチ・オンで稼働するガスや電気という2次エネルギーは、すでに「仕事をする能力」が一定量確保されています。ところが、2次エネルギーに頼らず自然エネルギーの力だけで、火をおこし風を送り込むことでその力を引き出し調整し、鍋の中の「水と米」の塩梅を推し量るという営みは、ゼロから「仕事をする能力」を自分たちで生み出すということなのです。

　「化学エネルギー」や「原子エネルギー」などあらゆるエネルギーに対して「エネルギーは姿を変えることで私たちの役に立っているんだよ」と表面的な説明をされたときに、ちょっと待てよと考える足場を持っているということ。子どもたちが真に賢くある、とはそういうことなのではないでしょうか。

柿とり

日報	山の園舎 マキちゃんT

2021. 10. 1

　　今日は宇部から宇宙組がやってきたので、山で過ごしました。「宇部から来るんならトンボの運動会するん？」と子どもたち。「山で遊ぼう！」と飛び出していきました。朝ヤモリを捕まえたゆいちゃんはそれに夢中。ずっと手にのせてなでてみたり、しっぽがちぎれた〜！と大騒ぎだったり。その横にずっとついて見ていたのが、りくちゃん。虫や生き物、大好きです。

　　かえでちゃんとるーちゃんは柿とり。「べちゃっとならんように、じょうずにとるけぇ」とやる気満々。とても届く高さではないですけどねー。たくみちゃん、はるとちゃん、こたろうちゃん、たけちゃん、ゆかちゃんは、ちいさい容器に泥と水を入れてドーナツづくり。しゅりちゃんは、宇宙組の中にいます。

　　虫取り網とコンテナを踏み台にして柿取りを頑張っていたかえでちゃんとるーちゃんが「とれない〜〜」と。そこで、山の3段目から脚立を運ぶことにしました。ふたりで運んでいると、こたろうちゃん、りくちゃん、たくみちゃん、はるとちゃんもやってきて、いっしょに運びます。が、やっぱりもめます。だけど、一生懸命やっているからこそのもめごとは、よりいい案を生み出します。やっと運んできて、それに乗っても高い場所だったので、竹で柿を4つ取りました。みんなで分けて食べました。最後まで食べていたのは、いつの間にか宇宙組からやってきた、しゅりちゃんでした……！

ふたりの挑戦から、みんなの挑戦へ：写真記録から子どもの成長を読み取る

　ふたつの園（山の園舎と宇部園舎）の子どもたちが合流していっしょに過ごす日は、いつもと違った子どもたちのダイナミックな交流の姿を見ることができます。

写っている足元に注目すると、誰よりも、虫取り網の柄の棒で柿をとろうと
しているかえでちゃんのかかとに力が入っているのがわかります。柿とりに途
中参加の子どもたちと最初から取り組んでいたかえでちゃんとるーちゃんとで
は、当事者意識の違いが、身体に現れています。左隣にいるるーちゃんは、他
の子たちと違って目線が別のところに。おそらく早くかえでちゃんから棒をバ
トンタッチしたくて、かえでちゃんが柿をとれるかどうかより、棒の方へ目が
いっているのでしょう。

　最初はふたり組の挑戦だったはずが、この写真に写っている子も写っていな
い子も含めいつのまにか全員の挑戦へと形を変えていきます。そんな中で期待
を担うことになったかえでちゃんの集中力と気合は、相当なものです。身体の
隅々にまでエネルギーがみなぎっています。腕に隠れて顔は半分しか見えませ
んが、それでも柿をしとめようとする瞳の輝き、棒を握りしめる指の強さ、そ
して引き結んだ口元。すべてを収めた「がんばれ」のシャッターが、マキちゃ
んTによって押されたのでしょう。

　マキちゃんTは、「こうやって後で見ると、自分こそがあの柿をとるんだ！
とどれほど意気込んでいるか、かえでちゃんの顔つきからもわかりますねー。
それに、子どもそれぞれの気持ちの違いもちゃんと表れてる。真剣なかえでち
ゃんのとなりで、るーちゃんは早く交代してほしくて、自分がとりたくて、柿
の方には目がいっていない。他の子たちは柿そのものを見ていて、とれるかど
うかハラハラして。柿は誰がとってもみんなで食べるのがルールなので、ひと
ごとじゃないんです」と、ひとりひとりのその瞬間の表情から、今だからこそ
見えてくることを愛おしそうに語ってくれました。瞬間瞬間の表情を収め、振
り返ることの意味が感じられます。

子どもを信頼するまなざし：日報から保育者と子どもの関係や成長を読み解く

　冒頭の「宇部から来るんなら」という子どもたちの発言には、ちょっとした
もてなしの気持ちと期待感の両方が表れていて、それをちゃんとマキちゃんT
はキャッチしています。

　また、子どもの発言の中に潜む思いやりや気遣いを、次の「べちゃっとなら
んように、じょうずにとるけぇ」というかえでちゃんの言葉からも拾っていま

す。こんなふうにやる気満々な子どもたちに対して「とても届く高さではない
ですけどねー」と、自分の気持ちを語る記述には、さてどうするのかな？とい
う先を見通したうえでの見守りの視線が感じ取れます。

　そして何度も試したうえで「とれない〜〜」と子どもたちの声があがってか
ら、やおら脚立をとりに、山の園舎の3段目にある小屋へいっしょに向かいま
す。そこへ他の遊びをしていた男の子たちも加わって脚立運びとなるわけです
が、これも船頭多くして……ということで、もめごとが起こります。

　「もめる」とは、柿をとるために、山の園舎の園庭3段目から脚立を子ども
たちが運んできたとき、「そこ持ったら危ないー！」「早く進んでー！」「おち
るー！」とか言いあいながら斜面の途中で立ち止まり、持つところを反対にし
て、ひとりひとりの子どもが自分のもち場を護って下りてきたことだそうです。
それぞれの思いや考えを真剣に表現しあうからこそ「もめる」んだと、担任が
しっかり受けとめていることがわかります。

　マキちゃんTにそれをトラブルととらえる目線はありません。「やっぱり」
「だけど」「〜からこそ」という表現の中に、子どもへの信頼のまなざしがしっ
かり表れています。そして、先生の見守り通り「よりいい案を生み出し」、最
後にはとれただけの柿4つを「みんなで分けて食べました」とあります。「最
後まで食べていたのは、いつの間にか宇宙組からやってきた、しゅりちゃん
でした」と記しています。とった柿は4つとその数を明記しているところから、
4つの柿を少なくとも6人で分けあうことに、何の抵抗もなくみんなが満足し
ている様子がうかがえます。

　ところで、「べちゃっとならんように、じょうずにとるけぇ」というやる気
満々の決意表明には、「こぐま」が掲げる〈めざす子どもの姿　○自分で考え
行動する子〉の姿がそのまま見て取れます。あわせて、もう柿が十分に熟れて
いること、下手をすると実をつぶしかねないと柿の木を見上げながら観察でき
ていることから、子どもたちが自然とともに過ごす毎日の豊かさも感じます。
3歳児のこの時期は、先述の脚立運びでのもめごともそうですが、友達とのか
かわりを楽しむようになる一方で、まだ自分中心の言動が目立つときもありま
す。そんな中での柿を分かちあう姿は、「こぐま」の〈めざす子どもの姿　○
友達を大切にする子〉へ自ずと向かっていることを見せてくれます。

キャベツをペリペリ

日報	山の園舎 マキちゃんT

2022. 4. 18

　朝、子どもたちが野菜やさんと呼んでいる近所の農家の方が、たくさんの新鮮なキャベツを持ってきてくれました。それをデッキのところに置いていると、あおとちゃんが発見‼「おもしろいもの見つけた！」という感じで一目散にキャベツの山に向かって走っていきました。その中からひとつを手に持ち、あっち行ったりこっち行ったり……。ヒャー、給食で使うキャベツなのにー、と追いかけるも「や‼」と。きっと、子どもの力ではかなり重たいだろうに、キャベツを抱えて逃げる。

　仕方がない！あおとちゃんが持っていたキャベツを、こだぬきみんなで裂くことにしました。小さい手で裂くには、指先の力を使います。なかなか上手くは裂けませんが、みんな必死。「羊さんたちのごちそう、いっぱいできたね」というと、子どもたちの目が輝きました。さらんちゃんは、キャベツの葉っぱを思わずパクリ！としそうになりました。羊さんの気持ちになってたのかな？

全身にみちていく充足感：写真記録から子どもの成長を読み取る

　キャベツの葉っぱむきの大仕事が終わって、ちょっとひといきといったところでしょうか。どの子の身体にも、思う存分やり切ったというような充足感が漂っています。床に散らばっているキャベツの葉っぱと、コンテナケースの中のむしり取られたキャベツの葉っぱは、ちょっと前までの子どもたちの奮闘ぶりを物語っています。

　この写真は、マキちゃんTからの「羊さんたちのごちそう」という言葉を聞いたあとなのでしょう。生のキャベツを口に入れているかのような子どもたちの表情に注目です。さらんちゃんのお口も、あおとちゃんのお口も、まるで、見えないキャベツの葉っぱを羊に代わって口に入れてみたかのようです。頭だ

けでなく、こんなふうに身体で想像できる子どもたちのしなやかさに、いつも
ドキドキします。

「みんなで夢中になってペリペリキャベツの葉っぱを剥いでいく、その無心
の時間の心地よさが、青臭いにおいといっしょに、今も鼻の奥に残っている感
じです。それがくすぐったいような、うれしい感覚。子どもたちが日増しに大
きくなっていく姿の証しとして、きっと私の中に、キャベツの葉っぱのにおい
がインプットされたんでしょうね。」とマキちゃんＴは、嗅覚を伴って振り返
っていました。

指先で展開した生キャベツ騒動。さてこのあとどうなるのか、先生のおもし
ろがり精神が終わっていないから、まだまだ楽しい展開が予感される写真記録
です。

想定外の子どもの行動を受けとめる：
日報から保育者と子どもの関係や成長を読み解く

給食用のキャベツを発見した１歳児クラスのあおとちゃんの動きを「一目散
にキャベツの山に向かって走って」と表現していることから、１歳児の目線と
足運びのスピード感を担任が子どもと等身大で感知していることがわかります。
また「一目散」や「逃げる」「ヒャー」という表現からは、困りながらもどこ
か愉快に感じていることが伝わってきます。

保育者が想定していなかった子どもの行動に対して、「仕方がない！」の
「！」に表れているように、保育者が先導することなく、まずは子どもの行動
をそのまま受け入れてみよう、という保育の姿勢がうかがえます。何より最後
に、食べ物を粗末に扱わないようにというはからいから、園舎で飼っている羊
のえさにすることが子どもたちに伝えられますが、できることなら、今この場
所で１枚くらい子どもたちがパクッとしてもいいかも、というマキちゃんＴ
の本音がのぞいているところも、共感できるのではないでしょうか。必要な衛
生管理はしながら、もっと自由に野菜本来の味を伝えたいというマキちゃんＴ
の正直な気持ちに、共感もし、安心感も覚えます。

発達過程の最も初期にあたる乳幼児期において、「養護と教育」が一体化し
た保育のあり方が重要であることが、保育所保育指針の改定で大きくクローズ

アップされました。養護には「生命の保持及び情緒の安定」のための保育士等の配慮や働きかけの定義がされています。

言い換えれば、保育者等は常にひとりひとりの子どものこころの基地となって、温かく子どもを受け入れ、子どもひとりひとりがいつも「自分は愛されている」「守られている」と感じ取れる園での毎日の生活が保障されている必要があります。

キャベツ1コを手に持ちどこかに行こうとするあおとちゃんと、何とかそのキャベツをを取り返そうと追いかけるマキちゃんT。取り返したいマキちゃんTの気持ちを察して、あおとちゃんは「や‼」と拒否。他者の気持ちを察知したからこその「や‼」という意思表示の言葉と、キャベツを抱えて逃げるあおとちゃんの「こうしたい」という気持ちを受けとめ、クラスの子どもみんなでいっしょにキャベツを裂くという活動に方向転換します。

1歳ちょっとの子どもが、保育者が想定していなかったキャベツを持って逃げる姿をまるごと受けとめるかかわりそのものが、子どもと保育者との信頼関係を生み、かつ自己肯定感や自己有能感を育んでいると考えられます。

また、新鮮なキャベツとはいえ、「小さい手で裂くには、指先の力を使います」というマキちゃんTの観察眼の通り、1歳児クラスの4月当初はまだまだ指先の巧緻性はおぼつかず、当然ながらキャベツの葉を裂くのに必死の子どもたち……。指先でキャベツの葉をつかむ、ひっぱる、ねじる、ひねる、などの動作はおおよそ2歳児以降に完成する手指の動きとされています。キャベツ騒動が期せずして、指先の動きを高める有意義な時間にもなりました。保育者が意図しなくても、子どもは成長に向かう行動に自ら向かっていくということですね。

保育者は成長の場や機会を用意することに力を入れがちですが、子どもにまかせていれば自然と子どもは成長に向かう行動を選んでいくのではないかと考えさせられます。その場に立ちあうことの大切さを感じる事例です。

石塀　進む

日報		山の園舎 マキちゃんT

2022. 5. 26

　　今日はバスに乗って有帆緑地公園（ありほりりょくち）に行きました。さらんちゃんは、のうさぎ組の子ども達といっしょに山をこえて歩いて緑地公園へ。到着すると草取りをしているおじちゃん達がたくさんいて、それを見つけるなりピタリと止まってしまったこだぬき組の6人です。少しずつ少しずつ進んでいくと、しろつめ草の花を見つけたるなちゃん。2本とって1本は担任に「ハイ!!」

　　〜中略〜

　地面に座って何かを追いかけているのはそうすけちゃん。黒いカミキリ虫？をパッと取ろうとするのですが、虫の方が早い。それに気付かずに虫の上を進んでいくあおとちゃんです。

　　緑地公園の中にある橋の公園に着くと、その上を歩く音が土の上とは違うので、こだぬき組以外の他のクラスの子ども達は、楽しく石塀の上に小石を積み重ねてあそび始めました。そのうち、たいきちゃんがハイハイで石塀の上を進みはじめ、それを真似してついていくかおるちゃんです。

　　橋の公園を過ぎて緑地公園の中にあるらいおん公園に向かうと、少しずつ疲れて長い列に。あおとちゃん、そうすけちゃんは座り込んで泣いたり。かおるちゃんとるなちゃんが、後ろの方でふたり座り込んでいます。疲れたのもあるのですが、だんご虫を囲んで通じあう二人でした。

　　らいおん公園まで着くと、さらんちゃんとのうさぎ組が、前の方からやってきて再会しました。

身体の賢さが養われる全身の活動：写真記録から子どもの成長を読み取る

　石でできている橋を、高這いの姿勢で渡っていくふたりの姿。グッと顔を持ち上げ、ふたりがハイハイで渡る姿を写真に収めたマキちゃんＴには、子どもたちの身体能力の読み取りだけでなく、高這いの動きを真似したい友達の存在、１歳児クラスの子ども同士の「つながり」にもこころが及んでいるということです。

　乳児期の子どもにとって、ハイハイは四肢をバランスよく動かすことで身体を鍛えたり、転倒時に自分を守るために必要な動きを習得するための動き、といわれています。高這いは、つま先を立てて、親指で床面を蹴ることで前進します。高這いのメリットとして、高這いで身につく「親指蹴り」が挙げられ、さらに高這いは、腕の筋力やひざの伸展力、全身の協応力などをバランスよく効果的に高める全身運動でもある、とされています。この姿勢のまま石の橋を果敢に前進するふたりは、実にたくましい。

　この写真だけを見たら、なんと危ない！と思われるかもしれません。

　「こんな段差は子どもにとって危なくないですか？と詰め寄られそう」とマキちゃんＴも言います。「でもね。何度も何度も子どもたちとこの場所を訪れていますが、この石塀は、『こぐま』の子どもたちにとっていのちの危険にかかわるような高さではないんです。下の土の場所からの段差はあり、落ちればそりゃ怪我します。でも、子どもたち、落ちないんです。万一落ちても大怪我にはならない。それは、毎日知らず知らずのうちに養われている子どもたちの身体の賢さなんです。保育者だけでなく、子どもたちは、身体の安全管理を知らぬうちに自身でもやっている。だから１歳児でもバランスが取れる。手と足と、どこに力を入れて進めばよいかを、日々山の園舎の庭である斜面を登り下りしながら学んでいる。この写真から、それがわかると思います。」と、子どもたちへの信頼と「こぐま」の保育への自信を物語る言葉を聞くことができました。

　手出しをせずにぎりぎりまで子どもの自由な行動を見守ることは、たやすくありません。

　「ぎりぎりまで」を可能にするには、ひとりずつの行動特性や、日々の心身の変化・成長を保育者が自身の内側にまで取り込み、常に〈自分事〉としてと

らえることが必要です。事故が起きたときに「思いもしなかった」「まさかこんなことに」では済まされません。そんなとき、保育における〈自分事〉の域が狭すぎるのではないか、とも思うのです。

　「子どもたちのことを大事に思いやる」のは、あたりまえのこと。でも「やる」は「遣る」です。つまり、心の動線を長く延ばし、子どもが今を生きるその場所まで届けなければ意味がないのです。その距離が短すぎないか、ちゃんと伸び盛りの子どもの心身にまで届いているか、どんなときも問い続けなければなりません。

自由な行動の中で培われる体力・知力：
日報から保育者と子どもの関係や成長を読み解く

　日報全体の文章に、ここを強調しようというような気負いはなく、まるで文章までもが風に吹かれて散歩するように流れていきます。散歩の途中で遭遇したものは実に多く、短い日報の中に「おじちゃん達」「しろつめ草の花」「カミキリ虫」「だんご虫」と、いろんないのちとの出会いが書かれています。

　また、別の組と合流する子がいたり、虫を追いかける子がいたり、虫の上を踏んづけていく子がいたり、高這いで石の塀の上を進む子がいたり、その後を真似して追う子がいたり、疲れて長い列ができたり、座りこんで泣いたり……。てんでに展開される子どもたちの自由な行動を、どれも見落とすことなく見守っている様子が、短い描写から伝わってきます。

　特に、外靴をはきつつ高這いの姿勢を保つのは、1歳児クラスの5月下旬ではかなり体力を使うはずです。だから、その後は疲れて「座り込んで泣いたり」するのは、無理からぬと理解したうえで、座りこんだその場所で「だんご虫を囲んで通じあう二人」の様子をほほえましく描写されていることに注目です。1歳児が園の外の広い大きい自然の中で、自分たちの体力や知力を駆使して過ごす豊かな時間を、保育者自身も余裕をもって享受している様子が生き生きと描かれています。

　「こぐま」の〈めざす子どもの姿　○丈夫な身体の子〉〈保育のこだわり•自然の中でのびのびと遊びしなやかな心とからだを育む〉の実際が読み取れます。

日向ぼっこ

日報	山の園舎 マキちゃんT

2022. 12. 2

　山（山の園舎）でゆっくりすごしました。山の3段目には、落ち葉がたくさん落ちています。それをほうきで集めていると「寝まーす‼」と言いながらさらんちゃんが寝転がりました。それを見てたいきちゃん、なおちゃん、るなちゃん、あおとちゃん、あきとちゃんも…。いつもは走り回ったり大騒ぎしたりの子ども達ですが、時が止まったかのように静かに寝転がっています。眩しそうに目を細めながらですが、青い空を一面に感じながら寝転がる景色は、いつもとはちがうものを感じているんだろうなぁ……。

　しばらく寝転がっていると、たいきちゃんが「あっ‼」と空を指さしました。真っ青な空に一直線の飛行機雲です。誰にも邪魔されない特別な時間ですねー。

自然からよろこびをもらいうける：写真記録から子どもの成長を読み取る

　やわらかな初冬の日差しを全身で浴びている子どもたち。「こぐま」で過ごす一日の時間の流れや子ども自身が成長してゆく時間の流れ、さらに大きくとらえれば、子どもたちを抱く大地、地球の営みの流れの中に、子どもたちが絵のようにはめ込まれて、いのちが祝福されているようにも感じられます。「浸りきる」とはまさしくこのような姿を言うのでしょう。浸るために設定された道具や遊具がこまごまと準備されているのでなく、あるがままの整いが実はそこにあるのです。シャッターを押すマキちゃんTの眼には、子どもひとりずつのよろこびがひとつずつ見えているようです。

　マキちゃんTは、次のようにこの写真を見て振り返っていました。

　「『日向ぼっこ』って時間の経過とともに子どもの姿が変わっていくんですね。日向ぼっこをしていて身体が温まると、子どもたちは自然とこんなふうなゆったりした姿勢になっていくんです。12月はじめの冬の日でも、園の中に暖

かい日差しをたくさん浴びることができる場所があると、1歳児の子どもたち
は、それまでの園生活の経験からちゃんと知っています。この日は、山園舎の
園庭の3段目に来て、日向ぼっこして身体が温められて、落ち葉に埋もれたり
太陽の日差しを浴びたりして……。子どもたちみんなの、言葉にならない『き
もちいい』が聴こえてきそう。」

　両腕の爪の先から足のつま先まで伸ばしきり目を閉じて光を受け取る子、両
腕を胸に引き寄せ大きく息を吸い込んで胸を膨らませる子、彼らの身体の声を
聞き取ろうとするかのようにマキちゃんTがシャッターを押す……。もしかす
ると、祝福されているのは子どもたちだけでなく、この写真を収めたマキちゃ
んT自身なのかもしれません。そして、子どもと共に過ごし、この写真を収め
たマキちゃんTや、子どもたちのみ静かに迎え入れている壮大な自然界、大地
や地球まるごとでもあるのかもしれません。

自然の中でもらいうけるいのちのサイン：
日報から保育者と子どもの関係や成長を読み解く

　日報には、子どもたちが園庭の3段目に寝転がり、安心しきって大地に身
を預けていく様子が、「寝まーす!!」の言葉にはじまり楽しそうに描かれてい
ます。「いつもは走り回ったり大騒ぎしたりする子ども達」が、「静かに寝転がっ
て」いる様子をごく自然に受けとめ、そのまま記述していることから、静寂な
時の中にも実は、子どもは自ら楽しみを見出したり自らを省みたりする力があ
る、という保育者の確信が伝わってきます。

　青い空を一面に感じながら寝転がって見える景色は、普段見ている目の位置
からは全く想像できない「いつもとはちがうもの」なんだろうなぁと、子ども
の目線になってマキちゃんT自身が想像している箇所があります。そこには、
子どもには戻りきれないことを実感しながら、目の前の子どもたちが享受して
いる時間を貴重なものとしてとらえている大人になってしまったマキちゃんT
の魂のふるえが見えるようです。

　また、しばらく時が過ぎると「真っ青な空に一直線の飛行機雲」を発見して
「あっ!!」と空を指さすたいきちゃん。12月の寒い日でも、お日様の温かさや
枯葉の落ち葉の柔らかさとカサカサした感じや、はるか遠くの空に出現した1

本のまっすぐな雲など、全身全霊を大地に預けたからこそいっしょにいる友達や保育者と感じあい分かちあえた景色であったのでしょう。ひとりひとりの子どもの身体全部、五感のすべてが、この「日向ぼっこ」の時を記憶し後々まで覚えているに違いありません。

　言葉ではたった一言の「あっ!!」ですが、この「あっ!!」にさまざまな感情が込められています。あっ、まっすぐな雲。あっ、見つけた。あっ、あんな高いところに。あっ、あんなに遠くに。あっ、飛行機が飛んでるすぐ後ろに。あっ、白い。あっ、すごい。あっ、きれい。あっ、初めて見た。あっ、不思議。あっ、見て見て。あっ、だんだん雲が薄くなる……などなど。「こぐま」の〈めざす子どもの姿　○豊かな感情をもった子〉は、ゆったりゆっくり静かに流れる12月の一日のひとときの中にも、間違いなく育まれています。

　運動能力を伸ばしたり感性を磨いたりすることをねらった「心身にいい」遊具や教材が多数開発されていますが、それらの多くが人間の発達を部分的に助長・補助していくものです。

　自然の中でゆったりくつろぐ時間は、存在まるごとをこの宇宙に預け、「～のために」から解き放たれる、なあんにもない時間です。「なんにもない」ということは「なんでもある」ということ。森の気配、木々のざわめき、鳥の鳴きかわし、吹き抜ける風のいたずら、光の移ろい、それらを全身で浴びていると、意外にも「人間の声」にも敏感になります。

　一日中保育者たちの指示命令の声や子ども同士の叫び声に取り囲まれていると鈍感になってしまいがちな「人間の声」を、「こぐま」の子どもたちは一回で実によく聞き留めます。人間の声も自然の中の「いのちのサイン」として受けとめているからでしょうか。

ねらいとねがいの行きつく先

　保育に携わる者が「子どもと共にいよう」と決め、それを実行に移す。そこでは教育課程、全体的な計画に沿った指導計画、あるいは保育計画等を基に具体的な保育実践が行われる。計画には、子どもを「このように導きたい」というねらいが存在する。子どもの実態と子どもをとりまく状況に応じたねらいを立て、実践を継続することは子どもを見守り保育を担う者としての責務ではある。しかし、それが、個々の子どもが標準的な尺度にのっとり、順調に成長を遂げていることを確認する手だての1つになってしまってはいないだろうか。本来「ねらい」とは、子どもひとりひとりにしあわせに大きくなってほしいという保育者としての「ねがい」であるはずである。

　このような思いで「こぐま」の記録を読み進めると、ハッとさせられる。子どもたちには、こんなにもさまざまな力があったのか、という衝撃である。

　近年、保育に身を置く者たちは、思いもよらぬバッシングを世間から受けて、知らず「護りに入らなければならない保育実践に陥る」という。

　本書に示した事例を、「これは理想であるがなかなかそうはいかないだろう」「こんなふうに子どもを自由にさせて万一事故にでもあったらどうするんだ」「せっかくの発達を見据えた計画が、かえって不適切保育と非難されることにもなりかねない」と、否定的に読むこともできる。しかし、「こぐま」の保育者たちは動じない。これが「こぐま」で生きるということだ、という確信がある。そして「こぐま」の子どもたちの全面発達の姿がここにある。

　文部科学省が2019（平成31）年に「幼児理解に基づいた評価」という文書を出している。その第一章に「幼児理解からの出発」という文面がある。「幼児期にふさわしい教育を行う際にまず必要なことは、一人一人の幼児に対する理解を深めることです。〜中略〜保育とは、本来、一人一人の幼児が教師や多くの幼児たちとの集団生活の中で、周囲の環境と関わり、発達に必要な経験を自ら得ていけるように援助する営みです。そのために、教師は幼児と生活を共にしながら、その幼児が今、何に興味をもっているのか、何を実現しようとしているのか、何を感じているのかなどを捉え続けていかなければならない」と述べている。このことを保育者は順守しているはずが、実は「子ども自ら」を

190

実践の中に活かしきれずに、結局大人（保育者）が整え仕掛けた環境の中だけで、子どもの発達を促す経験を積む、という保育実践になってはいないだろうか。

「こぐま」の保育では、四肢をバランスよく動かすことで身体を鍛えようという「ねらい」が先にあって、石塀の上を子どもたちが進むように保育者が仕掛けたわけではない。子どもたちが石塀の上を歩いたのは、前に大好きな友達がいて、真似っこすることが楽しくて、手の平にざらざら感があることなんかへっちゃらで、どんどん四肢を使って歩けるような日々が積み重ねられていたからこそだ。それを瞬時に察して、保育者はシャッターを押し、その貴重な発達の足跡をそのまま日報に記している。先にねらいありきで、ねらいに即した仕掛けによって子どもを教え導くことでなく、子どもの伸びようとする姿、つまり「なりたいわたしになるわたし」をキャッチし記録に留めることこそが、保育者の醍醐味であり、よろこびでもあるはずだ。

写真を撮る保育者のまなざし

もう一つ、大事なことがある。この7事例をとらえた写真は、保育者によって撮られたものであって、外部のカメラマンによって写された写真ではない。常にカメラのこちら側には、子どもの「なりたいわたしになる」瞬間が必ず訪れると信じている保育者のまなざしがあり、子どももまた、そう信じてくれているまなざしに包まれて、どこまでも伸びていける。時にはその伸びゆく力が、保育者の「ねらい」を超えることもある。それこそが、また、保育者のよろこびになる。ねらいとねがいは、子どもの伸びゆく力を真ん中にして、よろこびの循環を実現していくものなのではないか。

伊藤・西（2020）も「子どもたちは、事前に立てられた予測や計画を超えて、新しい発見や楽しみをつくり出してくれます。一般的な計画が、予想された結果を達成するものであるのに対して、保育の計画の価値は、予想以上のものが生まれてくるのを触発できるかどうかにあると言えるでしょう」と、同じ保育のありようを見つめている。

プロのカメラマンがアーティスティックな写真を撮るのとは異なり、写っている子どもの傍らに写っていない保育者の立ちあいのまなざしが常にある。撮る側と撮られる側のあいだの切断がないのだ。そして、今この一瞬につながっ

ている、ここまでの道のりがあり、この先ずうっと続いていく、ここから先の道のりがある。子どもと保育者両方で歩む道のりだ。保育の写真記録を残すのに必要なのは、技術ではなく、途切れのない保育のよろこびだ。

文献

阿部仁美「異年齢保育における関係性の考察」『保育学研究』第59巻第2号，2021，pp.51-61.

青山誠『子どもの心に耳をすますための22のヒント　あなたも保育者になれる』小学館，2017.

榎沢良彦「実践研究と主観性」『保育学研究』第56巻第2号，2018, pp.124-131.

EQWELチャイルドアカデミー知らないと、もったいない！？　赤ちゃん期に「高這い」が欠かせない理由とは？【浦谷博士の赤育コラム vol.3】
　　httop://www.eqwel.jp/blog/baby/2020081811810.html（2023年8月24日閲覧）

灰谷健次郎『灰谷健次郎の保育園日記』新潮社，1990.

伊藤美保子・西隆太朗『写真で描く乳児保育の実践―子どもの世界を見つめて』ミネルヴァ書房，2020，p.157.

近藤幹生『保育とは何か』岩波書店，2014.

厚生労働省「21世紀出生児縦断調査（特別報告）結果の概況　2001年ベビーの軌跡（未就学編）」
　　https://www.mhlw.go.jp/toukei/saikin/hw/syusseiji/tokubetsu/kekka03.html（2023年8月23日閲覧）

厚生労働省編『保育所保育指針解説（平成30年）』フレーベル館，2018，pp.20-23.

厚生労働省編『保育所保育指針―平成29年告示』フレーベル館，2018.

倉橋惣藏「汗」『フレーベル新書12　育ての心（上）』フレーベル館，1976，p.26.

文部科学省「(1)指導計画の基本」『幼児の思いをつなぐ指導計画の作成と保育の展開』p.23，チャイルド本社，2012.

文部科学省『幼児理解に基づいた評価』チャイルド本社，2019，p.3.

文部科学省『幼稚園教育要領解説（平成30年）』フレーベル館，2018.

内閣府・文部科学省・厚生労働省『幼保連携型認定こども園教育・保育要領解説（平成30年）』フレーベル館，2018.

農林水産省「子どもの食育　お米とごはん　〈米〉という字にかくされたひみつ」
　　https://www.maff.go.jp/j/syokuiku/kodomo_navi/learn/power02.htm（2023年8月24日閲覧）

汐見稔幸監修『イラストたっぷり やさしく読み解く　保育所保育指針ハンドブック　2017年告示版』Gakken，2017.

汐見稔幸『保育の今、これから』Gakken，2023.

津守真・本田和子・松井とし・浜口順子『人間現象としての保育研究-1―人間現象としての保育研究』光生社，1974，p.11.

インタビュー

「創るひとびと」

　1973年の開園以来「こぐま」の保育がなぜ半世紀も続けてこられたのか、創設者と、そのバトンを受け継ぐ3人の歩みを追った。

　特別な人が特別な園を創り上げたのではない。できるかできないかではなく、やらずにはいられない思いを分かちあう仲間に出会えるかどうかだ。

　そして、出会いの先に、ちいさないのちが無数に見えているかどうかなのだ。

　いのちの輝きに照らされて歩む道に、響きあいのよろこびが広がっていく。

鍬入れのとき
〜園の創始者　木村照子先生〜

‥‥‥‥‥‥‥‥‥‥‥‥‥‥‥‥‥‥‥‥‥‥‥‥

開園に至る経緯

　はじまりはね、東京の共同保育所、私自身の産休明け保育利用の経験からなの。東京で共働きをしていたから、最初の子が生まれた時点で、産休明けから預けることができる保育所を探していました。当時住んでいた越谷に生後57日目から預かる共同保育所が開所されるという情報を、駅前で街頭演説をしていた人から聞き、これだと思いましたね。午後6時5分過ぎまで快く預かってくれる保育所にわが子を預けて仕事を続けたってわけよ。1日中預かってくれるっていうだけでよしとしなきゃいけない、って思ってたわ。

東京から山口へ

　その後、ふたり目が生まれ、安心して預けられる場所として、たまたま主人の郷里である山口県宇部市の実家に引っ越しすることになり、その当時宇部には産休明けの保育園がなかったもんだから、主人の実家を保育所として開園することに決めたの。決めたはいいけど、さてさてどうするかっていうことで、まずは宇部市内のキリスト教会立の無認可保育所2か所と連絡を取りあって無認可保育所連絡会を立ち上げ、準備会としてスタートし、いっしょに市に申請を出しました。それから、義母様の許可を得て、実家の一角を開放し、産休明けからの子どもを預かる保育所を開所しました。そして、開所するからにはと、私自身も通信教育で保母資格（現保育士資格）を取ったのよ。

開所当時からの変わらぬ思い

　「こぐま」の理念っていうのはね、ただ1つ、子どもが人として人格的に"全面発達"するために、"本物と出会う"ってこと。子どもっていう言い方をしましたけど

ね、正しく言うならひとりの主権者として、っていう意味です。

みんなの力を借りてこぐま保育園スタート（1973年）

　園を開くにあたりいろんな人が協力してくださったわ。思いを同じにする人たちは、損得を抜きにして自然に集まってくださるものなのよね。それで保母資格のある知りあいを頼り、私を入れた3人で、いよいよ1973年12月に0歳児から2歳児までを預かる無認可保育所として、こぐま保育園はスタートしました。資金が足りなかったから、ままごとに使う遊具はほとんどが本物の茶碗やお鍋。物がないのは、悲しいこととは限らないのね。そこにある物を使うことで、子どもたちは本物に出会い使いこなす力をつけることができたんじゃないかしら。

園児がやがて

　開園当初の園児さんが大きくなって、現在では「こぐま」の山の園舎に我が子を預けながら、自分も保育士としてがんばってくれています。うれしいご縁よねぇ。こんなふうに我が子を預けつつ同じ保育所で保育の仕事をしてくれる先生たちが、うちの園には多いわねえ。

とにかく外で過ごす

　宇部の岬町にあった保育園から乳母車に子どもたちを乗せて、当時できたばかり

宇部空港を望む

の宇部空港にしょっちゅう散歩に行ったわ。だって、園舎のベースは普通の民家。園舎自体はどうしたって、子どもを保育するには狭いもの。「全面発達」を願って一日の保育時間のほとんどは、外で過ごすしかなかったわ。とにかく外で過ごすってことをモットーにして、一日中、外にいるのよ。これって、悪くないわよ。飛行機が離発着するのを、ずっと子どもたちといっしょに見ているのが大好きだった。もうドラマよね。「ほら（飛行機が）来るよ来るよ」って。風向きによって、聞こえてくる音だって、吹きつけてくる風だって違うでしょ。

宇部園舎増設と山の保育園開園（1986年）

　どうしても、岬町の園舎が手狭すぎるということで、敷地内に建て増しをしようって一大決心をしました。それまでブドウを作っていた庭のブドウ棚を取っ払って、園舎の庭にすることに取り掛かったの。他に誰がやるわけでもないから、私が毎日草刈り機で草を刈ったわ。そんなこんなの奮闘が続いてね、日々のご近所付きあいに割く時間なんてものは取れず、「あそこの先生はやり手だから儲かってるらしい」なあんてご近所ではうわさが広まっていたみたいよ。でもそんなことにも気づかないくらい無我夢中でね。最初の2歳児が卒園した1976年頃には在園児の数が減り、収入も当然減るので、保育園経営自体が不安定でそりゃ大変だったわ。

　この時期、園舎増築だけでなく、もう一つの園をお隣の山陽小野田市の山の中に開園することを決めたの。これが、1986年に開園したこぐま山の保育園なんですよ。

開園当時のこぐま山の保育園

山の保育園は、岬町のこぐま保育園が2歳児までの預かりだったために、園の保育方針に賛同した保護者の方が、我が子が卒園した後も「こぐま」での3歳児保育を強く希望され、自然豊かな山陽小野田市の山奥の土地を買い取って下さると申し出てくださったの。こんなことって、普通は考えられないでしょ？　私たちには何の資金もない、経営は火の車状態だったのに、理念に賛同してくださる志ある方々がいつだってどこからか現れるんだもの。

宇部園舎と山の園舎をつなぐ

　ふたつの市をまたいで、ふたつの園が行き来することは簡単じゃあなかったわよ。宇部から3、4歳児がライトバンで移動してきて、日中は山の園舎で過ごす生活となったんですものね。園バスなんてしゃれたもんじゃないわ、ライトバン。でも夢もいっぱい乗せてたわね。

　2歳児が卒園すると、子どもがゴソっと減って保育者が余るわけ。そうするとお給料が出せないの。安定しない日々よ。でもお金のことを除けば、うまくいかなかったことはそんなになかった気がするわ。おもしろいことならたくさんあった。例えばね、宇部園舎の増築のために、私、草刈り機を抱えてバックしたら、大穴に落っこちちゃった。ブドウ棚を支えていた柱を抜いた穴だったんだけど、結構深くてね、アーもう駄目かなぁって思ったわ。でも、助かって、ほら、今でも元気に生きてる。それもこれも、運が良かったのよね。

いつだって、「こぐま」の保育はインクルーシブ

　今でいう特別支援が必要なお子さんも開園当初からお預かりしていました。

　二分脊椎症*のお子さん、未熟児網膜症のお子さん、外国籍のお子さんなどいっしょに当たり前に過ごしていたわ。二分脊椎症のお子さんについては、大学病院の医師から「足を保護するために特別な靴を履くように」と指導されていたんだけど、園での生活で足腰が鍛えられ、散歩にも他の子どもといっしょに出かけていたの。特別扱いするんじゃなくて、ひとりずつの「特別な事情」やひとりずつの「特性」を尊重していくの。ただそれだけ。保育者や保護者だけじゃない、全面発達の理念の下で、子どもたちこそが、自分を精いっぱい生きることに一生懸命だったわ。

子どもの全面発達を支えるために

　自分で考える言葉を子どもが獲得する保育を実践するために、全国でどのような保育が進められているかを知る機会として、講演会に参加したり書籍を読んだり全国保育問題研究会で学んだり、ほんとに、みんなよく勉強したわ。田舎の小さな保育園だけど、見据えている未来は本物だと信じてね。そして、その「本物を子どもに」という考えのもと、絵本のように、ほんとうに園で必要なものは、ほぼすべて職員が自腹を切って揃えました。

　何度も繰り返すようだけど、子どもが全面発達するためには、大人自身もまずは自らが満足できる日々、時間、環境、文化が必要。それがあればいろいろ考えるゆとりができるはずなの。大人が主権者として成長してきた力を、子どもたちにバトンタッチし続けていかなきゃね。

---

*　二分脊椎症：胎児期に背骨の一部がうまく形成されず脊髄が背骨の中から外に出てしまう疾患。下半身に影響が出る。代表的な症状として排泄機能の障害、足の痛み感覚障害、歩行障害等。
　東京都立小児総合医療センター 小児専門医療 二分脊椎センター
　　https://www.tmhp.jp/shouni/effort/effort01-15.html（2023年8月23日閲覧）

バトンを受け継ぐ

〜2代目園長　中村淳子先生〜

- -

園との出会いは保護者として（1987年）

　はじまりは、保護者として第1子をこぐま保育園に預けたんです。私は、岡山県で小学校教員をしていたんですけどね、ふたり目の子どもが生まれ育児休業中に、当時3歳だった第1子が脳症を患ったんです。1987年4月から主人が山口県に転勤になり、退院した我が子の健やかな成長を願って、私たち家族全員で山口に引っ越してきたんです。

　そして、こぐま保育園に行ってみたの。上の子が3歳だったので、ともかく外で遊んだりいろんな経験ができるようなところがないかしらと。岡山では公立の保育所に預けていたんですけど、宇部に共同保育所があるって聞いて、いいな、と思って訪ねて行ったんです。

　来てみると、山の園舎は草ぼうぼうでした。でも、毎日園舎からあちこちに散歩に出かけて行く保育を見て、ここだ！と。もう直感です。入園を決めました。1987年5月のことです。

大変！楽しい！「こぐま」勤務

　第2子が1987年10月で1歳になったのを機に、岡山県の小学校を退職して、11月にこぐま保育園で働くことを決意しました。

　土日になると、草ぼうぼうの山の園舎に主人もいっしょ、家族総出でやって来て、サンショウウオを捕獲したり草を刈ったり……。園の環境を保育に適したものに変えていきました。鎌で草木を刈っていたとき、オオスズメバチに襲われて病院に運び込まれる体験もしました。危なかったなあ。

　翌年の1988年10月には、山の園舎の運動場で初めての運動会を開催し、その年度末には第1回卒園式を行うことができました。

開拓ってすごいおもしろいなーっ
て思ってねえ。大人も子どもも、み
んなで「こぐま」開拓士になってい
ったんだと思うわ。次の年（1988
年）には「運動場を作っちゃるよ」
と（前）理事長のご主人が言ってく
ださったりして。重機の力強さに子
どもたちも引き込まれて、わくわく
見ていたりしてね。

初めての運動会、重機と共に。
プログラムは模造紙で作成

運転手はわたし

　宇部園舎から山の園舎へ、子どもたちをマイクロバスで移動して保育する日々が
続きました。運転手はわたしです。他に誰もいなかったから。それまでは、山の園
舎への子どもたちの移動はライトバンを利用していたのですが、子どもの人数が増え
たため思い切って木村園長にマイクロバス購入を提案したんです。もちろん中古です
が、バスを買うなんて、当時の園としてはすごい決断だったと思います。最初のうち
は、行き帰り共に運転手さんを雇っていたのですが、経営が大変なのはわかってい
るから、自ら申し出て大型の運転免許を取得し、
担任、事務、園長、さらには運転手役まで引き
受けてしまいました。

　その後、学童保育や学童合宿も行い、これは
現在に至るまで続いています。卒園児たちは大
きくなって、今では学童合宿でいろいろな手伝
いをしてくれています。

園の管理人になる（1990年）

　長男が「こぐま」を卒園し、小学校入学とな
り、さて登下校のことを考えると、親としてど
こに居住するのがよいかと悩みました。それと
同時に山の園舎の給食室などが老朽化してき

増改築中の園舎

たこともあり、1990年3月に山の園舎を増築し、その2階をなんと、わが中村家の住まいとして、家族全員で引っ越しました。建て増し費用の返済は、うちの家賃を充てることにして。必死に絞り出したアイデアです。もう、めちゃくちゃですよ。以後6年間、わたしたちの一家はこの2階に住みました。そして第2回の山の保育園卒園式はこの新園舎で行ったんです。

山の園舎　卒園増改築落成祝賀会

宇部園舎の新築（1992年）

　宇部園舎に子どもを通わせている保護者が全員集まって、雨漏りする狭い園舎をこのままにしておいてよいのか、話しあいが行われました。その際、園舎の設計にかかわろうと申し出てくださった方々がいて、みなさんの前でプレゼンテーションをしてくださいました。親としても帰っていく場所がほしい、お金は何とかつくる、建て替えましょう、と。この話しあいがきっかけとなり、今この場所で木を切らずに園舎を建てようということで、セルフビルド方式で保護者の中から建物の解体や電気工事などの専門家を見つけ出し、それぞれ依頼し、ついに1992年3月に、念願だった宇部の園舎も新築へとこぎつけたんです。

　「狭かった宇部園舎が広くなって、信じられない」「すごいね、ほんとに短い間で」って、みなさんが、口々におっしゃったけれども、そのおひとりずつが、力になってくださったからなんです。

宇部園舎　新園舎完成式典

子どもも大人も主人公

～宇部こぐま園長　中島美那子先生～

- -

しゃべりあいたい、伝えあいたい

　「みんなの力を借りないと」というのが出発点です。園の先生方が、日々の子どもの様子や保育内容についていつでも気軽に互いが話ができる、自分の思いと自分の言葉で子どものことを語りあえるっていう、「こぐま」が開園して以来ずーっと続いている歴史を大切にしたいと願い続けてきました。子どもはもちろんですけど、共にいる大人つまり保育者も保護者もみーんなひとりひとり、園の主人公です。そういう歴史の一端にいるだけです。

小規模保育所として認可される（2015年～）

　私が園長になった時期にちょうど待機児童問題が大きくクローズアップされ、かつ園の存続のためには公的な支援を金銭面も含めて受ける必要にも迫られました。それで、話しあいを重ねた結果、小規模保育所としての認可をとる決断をしました。続けて山の園舎の小規模保育所認可、その後山の園舎を認可園にするかどうかというところに至り、大いに悩みました。認可をとったら、子どもたちは原則宇部園舎で生活することになります。これは大問題です。これまで当たり前に行き来していた山での生活がなくなるなんて考えられない。とてもとても悩みました。でも結局、経営面やコロナ禍の影響なども考慮して、山の園舎は、認可園へと歩みを進めることにしました。これをきっかけに、みんなで改めて確認しあったことは「だからこそ、宇部園舎での生活をしっかりつくっていこうね」ということでした。

どうせなら苦労をバネに

　宇部こぐま保育園の園庭と一般住居が至近距離にあるもんですから、最近は、近隣の住人の方々からの騒音に関する苦情も多くなってきました。子どもたちの声や

動きの音ですからね、騒音対策なんてことじゃないと思い、主体的な子どもを育むためにも、山の園舎での生活と同じような体験を保育の中に取り入れる活動内容を工夫するしかないねと、みんなで話しあいました。それで、園当初からのシンプルな柱を思い出し、宇部園舎の近隣の公園に散歩に行くとか、誰のことも手放さないていねいな保育を率先して進めたりということで、それ以外はじたばたせず、何も小手先の対応はしないことにしました。

山（園舎）のような大きな自然はないけれど

　町の中にある宇部園舎として可能な保育を模索する毎日です。例えば、羊は宇部園舎では飼えないけれど、動物の生死を見守ることはできます。子猫に子どもたちがミルクをあげて育てる。焚火のような火が焚けない代わりに冬場は園庭に石油ストーブを置いて、子どもたちはその上にフライパンに水を入れてお湯を沸かし、枯葉をお茶に見立てて入れて飲んでみる。大きな鍋にお湯を沸かして、足湯と称して暖を取る。そのほかにも、いろいろ工夫を凝らして、ていねいな日常を私たちなりに創っていこうとしています。

　この季節、宇部園舎では何ができるかしら、くどとか煙が出たら近所から文句がでるかなあ……なんて保育者同士で言いあいながら、文句がでるまではやろうかーと決心したり、焼きいもしたりとか料理したりの中で火と向きあう時間をつくったり。毎日が想像と創造の積み重ねです。

　山の保育園ではまず最初に根っこが育つっていう感じ。枝葉はほどほどでね。これに比べて、宇部園舎では、生活の細かな部分から工夫していく分だけ枝葉がいっぱい伸びて茂ってる感じ。その一枚ずつの葉っぱで光合成をしっかりして、やがては太い幹も根っこも育つだろうって思っています。

共育ちの歴史を背負って

　なんで「こぐま」にいるんだろうなあって、ふと、思うことがあります。共育ちって私たちは言うんですけど、子どもも育つし、自分らも育つし、保護者も育つ。そういう歴史が、ずっと木村（初代園長先生）の時代から根付いているんかなって思いますね。

変わっていく中で変わらないものを守る

～こぐま山の保育園園長　今井玲子先生～

・・

ジャンケンで園長に（2015年）

　「こぐま」で働く前に一度、「こぐま」の山の園舎にくる機会があって、その環境にびっくりしたんです。ここで働きたいなあって思いました。

　2013年6月、それまで勤務していた保育園を退職した後、当時園長だった中村に「保育士いらんかねぇ？」と聞いてみたら、たまたま退職される方がおられて、その方から引き継ぐ形で3歳児を担任することになりました。それから2年後の2015年に、ジャンケンで負けて5歳児担任兼園長に……ほんとうに、じゃんけんに負けたんですよ私。じゃんけんに負けたんです……。

　ですから、園長しながら宇宙組の担任をやりました。

わからないけれどわかろうとすることをあきらめない

　園長を引き継いでから守ってきたことは1つです。その子のことをわかろうとすること、ひとりひとりの子どものことをすべてがわからなくてもわかろうとし続けること。それで結局わからないってこともあるんだけど、簡単にわかったと大人の目線で決着させない。

　保護者にも、親がいないところで園で過ごしてる子どもの姿を伝えたい、知らせたい。でもそれは、その友達といっしょに過ごしている姿が親といっしょにいるときとはまた違って、実におもしろいからです。大人がおもしろがって傍にいれば、それだけで、子どもは子どもの力で伸びていくと信じています。なるべく余計なことはしない。邪魔をしたくないです。

ず～っとず～っと考え続ける

　親も変わらざるを得ない社会の変化、それとは、子どもも無関係ではいられない

よな、って思っています。

　少し肩ひじ張った言い方になるかもしれませんが、この国自体が国民のことを考えてくれていないし、守ろうともしていない。でもそこのところを突き詰めて真剣に考えれば考えるほど生活していけなくなる。しかたないから、国民も流されていく。子どもも大人も、すぐに誰かによっかかり、よろけると、よっかかったもののせいにする。よっかかっていいんです。よっかかりながらも、自分でよいしょっと立ち上がって、助けてくれた人の手を握り直す。そうしてつながる。なんどでも、そんなふうに補いあったり助けあったりしながら生きていく、私は自立というのはそういうことだと思うんです。でも、まわりを見渡すと、そういう方向に向かっていない。誰かのせいにしたい。ふらつこうが、おぼつかない足取りだろうが、自分の人生を生ききることに対して、覚悟が弱くなっている。幼くなっていると思うんです。だけど、同じことの繰り返しになっちゃいますが、それは一方的に責められない。「こぐま」だって、社会の中にあるわけで、変わっている部分もたしかにあるんです。じゃあ、「こぐま」として変わっちゃいけないものを守るためには、どうすればいいのか…。ず〜っと考え続けています。ず〜っと。

自分の人生を味わいきれる場所と時間を保障する保育

　「こぐま」は、「ひとりひとりが主人公」「自然の中でのびのびと」ということを、変わらず大事にしてきました。今、子どもたちが背負っている事情はそれぞれに複雑です。「いつも笑顔で機嫌よく」なんか生きられない状況に置かれている子も、少なくありません。でも、「笑顔で機嫌よく」過ごすことと「ひとりひとりが主人公」として「のびのびと生きる」ことは、イコールではありません。どんな状況にあっても、その子なりに自分の人生を味わいきれる場所と時間を保障してあげたい。また、みんないっしょにいることでなく、ひとりぼっちでいられる場所と時間がその時のその子には必要だったりするかもしれない。「ひとり」や「かなしみ」「さみしさ」もちゃんと味わえるよう、そんなふうに生きる時間も肯定し大事にしたい。ちゃんと見ていて、わかってあげたい。

　ところが、実際に社会の中で求められているのは「できること」「わかること」「コスパがいいこと」……。そういう中に生きているから、子どもにとっていい環境とは、そういうことが引き出せる保育だと、短絡的に理解されやすい。でも、幼い

時代にほんとに経験しなきゃならないことは、さっきから話が堂々巡りになっちゃうんですけど、「丸ごと大切にされること」「負の感情だと否定されるようなものも含めて、自分の内側から湧き出てくるものを肯定されること」だと思うんです。でも、世の中はどんどんそれが難しくなっているから、どうやってその環境を「こぐま」でつくっていけばいいのか、やっぱり、ず〜っと考え続けるしかないんですよね。うん、ず〜っと考えてます。

「こぐま」の保育は変わらない、これまでも、これからも

　でもね、「こぐま」の保育の写真を見ていたら、子どもの顔は、開園当時から現在までちっとも変わらない、変わっていない。風が吹いたら気持ちがいいよねっていうその感覚は、変わっていないんです。この変わらなさを本気で守ろうとしたら、今までと同じことしとったらきっとあかんで、と……。そういう意味では変わらなきゃ、もあるんです。

　だから、やっぱりやっぱり、ず〜っと考え続けていかなくては。ちっとも答えは見つかっていないんですけれど。

だから「こぐま」にいる　全体のまとめに代えて

　ここにまとめた「こぐま」の記録は、「こぐま保育園50年間のあゆみ」ではない。どの時代、どの瞬間を切り取っても、そこに、いのちの燃焼がある。その火種は何なのか、そこに送り込まれる風はどこから吹いてくるのか、そして、その炎を絶やさず誰かから誰かに手渡し続けてこられたのはなぜなのかを確かめたかった。それは、「ねばならない」ことに取り囲まれている保育現場の疲弊に、何らかのヒントを与えてくれるのではないかと直感したからである。

写真記録「人生が立ち上がる瞬間」
　ほとんど添える言葉の必要がなかった写真を、もう一度見てほしい。これらは、「こぐま」の保育者たちがこぞって提供してくださった数万枚の写真の中のほんの一部だ。あえて年代別に並べ替えてもいないし、特別な写真の心得があった保育者の写真を選んだ訳でもない。にもかかわらず、どの写真にも自分が他者の中に生きていること、そして他者も自分の中に生きていることが、ひしひしと伝わってくる。カメラを向けている保育者もその瞬間、今自分がこの子らの中に生きていることを実感していたはずだ。つまり、「こぐま」の保育場面では、誰もが誰もの人生に立ちあい続けているということではなかろうか。それは軽いことではない。その重みが、ある時は子どもたちのやさしい「手当て」のしぐさを生み、ある時は役割を「になう」ことへの責任感を育て、園全体を包んでいるのだろう。

第1章「子どもたちが自分で紡いでいく物語」
　「羊ものがたり」は、子どもたちが羊と共に生きる様子が描かれている。ペットとしてでなく、同じ生活者として過ごす毎日の中で、子どもたちは「別れ」を経験し、哀しみを得ることの意味を知っていく。保育者はその過程を想定外の出来事として特別に扱うことなく、「こぐま」の生活の一部として受けとめる。子どもに理解できる言葉を用いて、ありのままを伝える。笑うこと・泣くこと・怒ること・仲良くすること・けんかすること……どれにも等しく価

値を置く。「忘れさせる」とか「あきらめさせる」とか「機嫌を直させる」というように感情の移行を操作しない。操作しないからこそ、子どもたちは感情体験を自分なりの速度で熟成していくことができる。

「チポリーノものがたり」は、読んでもらった紙芝居を演じてみたい！と子どもたち側から提案され、徹頭徹尾自分たちでSHOWを創り上げていく過程が、担任の我慢の記録として残されていた。「子どもが夢中になっているときに保育者が簡単に手出しをしてはいけない」とはよく言われることだ。手出しをしなければやがてここに行きつくはずだという見通しのみで、保育者が見通したゴールにたどりつくまでを「我慢して待つ」のと、ここに記録された「我慢」は異なっていた。どこに行きつくのか、保育者自身もわからないのである。わからなさの中で「行きつく先を早く知りたい」と焦る気持ちを我慢しているだけで、あとは子どもといっしょに、わからない道をわくわくしながら歩いているのだ。だから決して子どもたちも「どうやるの？」とか「教えて」と言わない。わからなさへ向かう耐性ができているのだろう。

「こぐま」の子どもたちにとって、いつも立ち向かう先は「敵」ではない。ひとりひとりの人生の見通せない未来に全身で立ち向かっているのだ。

第2章「子どもたちとのかかわりから保育者が成長していく」

タイプの違うふたりの保育者が、新人時代、自分と子どもとの距離の取り方を手探りしながら成長していく姿が、それをねらいとしていない保育記録の中に映し出されていることを確かめた。その日保育現場で起きたことをそのまま書きつけるのでなく、一呼吸おき「記述言語」として整えてから記述すると読みやすいし、保護者や外部評価にも耐えるものになりやすい。

オサちゃんTは、そういう書き方をしなければならないと一生懸命努力していた時期を振り返って「楽しくなかったです」と言った。でも無我夢中の4年間が過ぎた頃、担任していたクラスの保護者から「オサちゃん、変わりましたね」と言われ、気がつけば日報を書くことがその日の保育をもう一度味わい直せる、楽しくてしょうがない時間に変化していたと語ってくれた。

まだ自分が子どもを前にして何者であるのか見つけられずにいた時期に、ふたりの保育者がその時の自分の身体感覚にぴったりくる「表現言語」で、飾ら

ずに記録を書けたことは、写真記録とは別の、自分の保育を映し出す鏡となったのではないだろうか。

第3章「人間の根っこがのびていく」

　筆者らが「全面発達」という視点から、切れ目のない「こぐま」の保育を意図的に読み解こうとしたものである。その読み解きの枠を広げてくれたのは、当事者自身の記録に対する、時を経た振り返りであった。よく書けているとかいないとかいうような視点でなく、子どもと共に生きたその瞬間が記録者の中にまざまざとよみがえってきて、胸が熱くなる。このように、連続した保育の時間の本質を確かめられることも、保育記録の振り返りの利点である。

　保育記録の振り返りで大切なのは、振り返る前までの時間を精一杯生ききること。振り返っているその時をも、保育の只中であると、子どもの側にいた時間と地続きの今現在をリアルに感じること。

　必要なのは、反省じゃない。こわばった目で、保育の成果を角張った言葉に落とし込むことじゃない。平均を求めることでもない。

　いのちがうれしがっているか、子どもだけじゃなく、おとなであるわたしのいのちもうれしがっているかの問い直しだ。

　人生に「立ちあう保育」、大げさな言い方だと思われたかもしれない。長〜い道のりを経てその全体像を集約し「良い人生であった」「波乱づくめではあったがまずまずの人生であった」という感慨のもとに名づけられたものを「人生」と呼ぶのだと思われる方も多いだろう。

　しかし、この一瞬一瞬、だれにもたった1つだけもちあわせることができる「いのち」がうれしがっているかどうか、その積み重ねが人生であると考える。保育はその「いのちの火種」を守る営みだ。美しく燃焼するいのちのエネルギーに立ちあっているかどうか、その検証がこの本のすべてである。そして、その検証の結果、はっきりとわかったことは、1つ。

　「こぐま」にかかわった保育者も子どもも保護者も地域の人も、そして、この書籍にたずさわった者も誰もがみんな、「だから『こぐま』にいる」のだ。

「こぐま」の語りかた

児童文学研究者
一般財団法人 大阪国際児童文学振興財団（IICLO）理事長
宮川健郎　みやかわ　たけお

『立ちあう保育　だから「こぐま」にいる』を読み終わった。

山口県のこぐま保育園は、宇部の町の園舎と山の園舎をもつ。この本には、こぐま保育園の50年にわたる実践の膨大な記録から、子どもたちの写真もふくめて、さまざまが紹介されている。そして、記録から「人生に立ちあう保育」とは何かを見出そうとするだけではなく、保育記録そのもののありかたも問おうとする。

「第1章　子どもたちが自分で紡いでいく物語」のはじめに、「保育記録における本当に必要な『物語』を考える」という見出しの何ページかがある。ここには、クラスで近所の農家の畑にサツマイモを掘りに行った記録A、B、Cが提示されているが、著者は、いずれにも批判的だ。

「保育者は、子どもたちが敷石をどう渡っていったかを描く（物語化する）際に、保護者がわが子の成長を感じて安心できるような肉付け（描写）を意識的に加えがちだということだ。（中略）

これは、保育者が教え導く者としての使命感や道徳的、教訓的、規律や規則の順守、約束や取り決め、などを意識したつなぎ方とも言い換えられる。」

（カッコ内原文、以下同）

著者は、つづけて、「この方法は、読み手（主に保護者）への情緒的共

感を誘いやすい。だが、これが最も保育の「物語化」の危うい部分でもある。」と述べる。保育者が保護者に敬意をあらわしつづける「です」「ます」の敬体で書かれた通信のなかで、肝心の子どもたちが、なぜか、のけものになっているような印象をうける。

　それなら、保育記録はどのようであればいいのか。つぎの「羊ものがたり〜生と死に向きあう〜」にも、いろいろな記録が出てくる。

　「パート１：１代目くるみと子どもたち（山の園舎　宇宙組）」の最初は、宇宙組の担任だったレーちゃんＴが撮った、大雨のなかを走り出す子どもたちの写真。さらに３枚の写真と、写真のときのことを振り返って９年後にレーちゃんＴが書いたメモが登場する。メモは、雨にぬれながら２頭の羊を小屋に入れた子どもたちと、その後の子どもたちの羊のくるみとの別れを語る。「た」「だった」などの常体で記されたレーちゃんＴのモノローグが、すとん、すとんと私の腑に落ちていく。巻頭のたくさんの写真と同じように、子どもたちのすがたが、はっきりした像をむすぶ。

　つづいて、「写真とメモを見ながらレーちゃんＴが語ったこと」がのっている。このなかで、レーちゃんＴは、「私自身よくわかりません。」「少しですよ。そんなに、１つの出来事があったからって、スパッとクラスの結束が高まるみたいなことではないと思います。」「確かめられないしわからないんですけど、」などと語り、自身の保育の「物語化」をためらう姿勢が見える。しかし、「物語」にむかうのを足踏みしてしまうことこそが信頼できるのであり、ここで初めて私は、その先を読みすすめていく読者になることができた。

　パート１のおしまいは、羊のくるみが亡くなったときのレーちゃんＴの日報だ。「朝、くるみが天国に行ってしまいました。」と書き出されている。

　１枚の写真、つづけて３枚の写真とメモ、写真とメモを見ながら語ったこと、日報と、レーちゃんＴの語りがいくつも提出され、重層化される。「物語化」をためらいながらも、子どもたちとレーちゃんＴのなかで起こった

ことが明らかになっていく。

　語りの重層化がこの本の魅力だ。「第3章　人間の根っこがのびていく」でも、「見つけた！　カエル‼」をはじめ、かつての写真記録とそのときの日報にくわえて、それをまた振り返ったときの違う観点からのコメントが重ねられる。

　「この年度の文集の表紙を飾った1枚ずつの羊の絵には、いのちの実感があふれています。」──さて、これは、くるみの死を語ったレーちゃんTの日報のあとにかかげられた、文集『こぐまっこ　2014』の表紙写真につけられたことばだ。ときどき、著者の発言にも力が入る。

　「筆者自身も急いでまとめを語る必要はないのですよね。」──これは、「第2章　子どもたちとの日々から保育者が成長していく」の「熱中先生の4年間の軌跡」でオサちゃんTの保育者としての成長を確かめてきたあとの一言である。ここで、著者は少しゆらいでいる。

　「心理学の質的研究」ということばが、先の「保育記録における本当に必要な『物語』を考える」という見出しのページにある。この『立ちあう保育』も、「質的研究」の実践にほかならないけれども、「質的研究に関心をもつ者は、自分自身を世界から切り離して客観的に位置づけるのではなく、相互交流の場へ主体的に参入する覚悟が求められる。」（『質的心理学フォーラム選書』シリーズ（新曜社，2014）への序文、執筆は斎藤清二）という。

　保育記録をたどり、それを重層化させながら、時折、著者の語りに力がこもったり、ゆらいだりする。そこに、「こぐま」の保育の場に「主体的に参入」し、立ちあおうとする著者のすがたがあらわれてくる。著者もまた、「こぐま」にいるのだ。

　そして、著者の語りに力やゆらぎを感じるとき、私たち読者も、たしかに、「こぐま」にいる。

謝辞

　本書の制作において、多大なご協力をいただいた、特定非営利法人み
らい広場こぐま保育園の保育者、保護者、子どもたち、関係者に厚く御
礼申し上げます。実践や保育記録の掲載については、内容、方法、表
現・表記などすべて、本人または保護者、保育者の許諾を得ております。
なお、本書は、ノートルダム清心女子大学学内出版助成を受けています。

　さいごに、時代に翻弄されない子どもへのまなざしを探るべく励まし
続けて下さった難波博孝先生、文学の窓から子どもたちへ言葉の光を与
えて下さった宮川健郎氏に心から御礼申し上げます。

Special Thanks

　イラスト（pp.10-11）：永野陽子
　写真提供：特定非営利法人みらい広場 こぐま保育園
　写真補正・レタッチ：久保田龍介

　装画・題字：こしだミカ
　装丁・扉、目次デザイン：mg-okada

村中　李衣　　むらなか　りえ

ノートルダム清心女子大学人間生活学部児童学科教授
児童文学作家・児童文学者

保育園・幼稚園・図書館・児童養護施設・老人保健施設・刑務所など、さまざまな場所で
絵本の読みあいを続ける。
『チャーシューの月』（小峰書店）で、日本児童文学者協会賞。
「長期入院児のための絵本の読みあい」（西隆太朗と共同研究）で、日本絵本研究賞。
『あららのはたけ』（偕成社）で、坪田譲治文学賞。『こくん』（童心社）でJBBY賞。
主な著書に、『感じあう　伝えあう　ワークで学ぶ児童文化』『「こどもの本」の創作講座』
（以上、金子書房）、『保育をゆたかに絵本でコミュニケーション』（かもがわ出版）、『幼児
理解と保育援助』共著（建帛社）など。

相沢　和恵　　あいざわ　かずえ

株式会社栄養セントラルジャパン 栄養セントラル学院、一般社団法人保育栄養安全衛生協会
特定非営利活動法人 ちゅーりっぷの心 東京都保育士等キャリアアップ研修講師
東京都公立幼稚園教諭、東京都区立保育園等の保育士として保育現場に25年以上従事。そ
の後、三幸学園専任講師及び近畿大学豊岡短期大学こども学科非常勤講師、山村学園短期
大学子ども学科専任講師、浦和大学こども学部こども学科准教授を経て現職。絵本専門士。
著書に、『保育内容「環境」』『保育内容「健康」』共著（以上、萌文書林）、『障害児保育
インクルーシブな保育に向けて』共著（青踏社）など。

ミズノ兎ブックス
mizunoto books

© 立命館大学白川静記念 東洋文字文化研究所

立ちあう保育　　だから「こぐま」にいる

2024年3月13日　初版第1刷発行　　　〔検印省略〕

著　者　　　村中李衣　相沢和恵
発行者　　　清水祐子
発行所　　　ミズノ兎ブックス
　　　　　　〒302-0025　茨城県取手市西2−1− F713 株式会社 APERTO 内
　　　　　　TEL /FAX 0297(73)2556
編　集　　　池内邦子

印刷・製本　　モリモト印刷株式会社
©Rie Muranaka, et al, 2024　Printed in Japan　ISBN 978-4-9913421-1-0　C3037